DOFTEN AV OLÄSTA ORD

DOFTEN AV OLÄSTA ORD

CHARLOTTE CLAESSON   MALIN JOHANNESSON
MY MIDENIUS   IDA OLSSON KUMLIN
FREJA STEINSDOTTER   VIOLA VIDEUNG

AutistOrd

Boken har getts ut med stöd från Allmänna Arvsfonden av Autism Östergötland i projektet AutistOrd.

Autism Östergötland
Gamla Övägen 23
603 79 Norrköping

info@autism-ostergotland.se
www.autism.se/ostergotland

Omslag och typsättning av Tina Wiman

Tryckt hos lulu.com, 2025

ISBN: 978-91-989440-4-4

"Berättelser är livets väv – de binder samman vårt förflutna med nutiden och framtiden."

.

INNEHÅLL

JAG ÄR EN STOLT AUTIST   9
Charlotte Claesson

FÖRSTA GÅNGEN   14
My Midenius

SPINDELVÄV   16
My Midenius

ORD ATT BESKRIVA VÄRLDEN   18
My Midenius

TORSTEN   33
Freja Steinsdotter

HEIÐAR   42
Freja Steinsdotter

TYSTA SVAR   45
Viola Videung

LIVET I MITT SPEKTRUM AV VÄRLDAR   51
Viola Videung

MÖNSTER I LIVETS SKEENDEN   59
Viola Videung

LIVSKRAFT OCH LÄRDOM   63
Viola Videung

LIVETS FRÅGOR SINAR ALDRIG   76
Viola Videung

KOMPLEMENT   83
Malin Johannesson

MAN FÅR VARA SOM MAN ÄR, NÄR MAN INTE
BLEV SOM MAN SKULLE   95
Ida Olsson Kumlin

OM ANTOLOGIN   106
Efterord

Fler antologier från AutistOrd   109

JAG ÄR EN STOLT AUTIST

❧

CHARLOTTE CLAESSON

*ACCEPTERA OCH OMFAMNA DIN NEUROLOGISKA
VARIATION*

*A*tt vara en stolt autist handlar om att acceptera och omfamna din neurologiska variation i stället för att försöka dölja den eller anpassa dig till normen. Det handlar också om att försöka öka medvetenheten om autism och motverka stereotyper och missuppfattningar om autister.

Som autist kan man ha unika styrkor och förmågor, till exempel att vara mycket kreativ, uppmärksam på detaljer, ha förmågan att fokusera i timmar på ett intresseområde och att vara logisk och analytisk. Det är viktigt att erkänna och uppmärksamma dessa positiva drag hos sig själv och andra autister.

Att vara stolt över sin autism innebär också att man kämpar för acceptans och inkludering i samhället. Det kan vara genom att utbilda andra, vara en förespråkare och sprida positiva berättelser om autister.

Att vara en stolt autist handlar om att ha självrespekt och självkänsla, och att känna att du är värdefull precis som du är. Autism är en integrerad del av ditt jag och det är en del av det som gör dig till den unika personen du är.

BÅDE UTMANINGAR OCH MÖJLIGHETER

Att vara autist har inneburit både utmaningar och möjligheter i mitt liv. För mig betyder det att jag fungerar annorlunda än andra människor på vissa sätt. Det betyder att jag har styrkor såväl som svagheter och att jag ibland behöver stöd på olika sätt.

Många neurotypiker ser per automatik ner på personer som har någon typ av diagnos. Samhället ställer hårda krav på alla. Många gånger kan vi som har diagnoser ha spetsförmågor som vid rätt utnyttjande ger både samhället och oss stora fördelar. Därför bör man vara öppen för "udda" eller olika beteenden. Tyvärr hamnar vi ofta utanför eftersom vi inte kan anpassa oss till "vanliga" liv och "vanliga" krav.

Det är inte synd om oss för att vi föddes autistiska. Men det är sorgligt att våra egenskaper och styrkor inte ses som en tillgång i majoritetssamhället.

Men jag är stolt över att vara autist. Jag är stolt över hur jag fungerar och över hur jag har utvecklats som person tack vare mina erfarenheter. Att vara autist har hjälpt mig att se världen på ett annorlunda sätt som gör att jag kan hitta lösningar och idéer som andra kanske inte kan se.

Jag har också upptäckt att det finns en hel gemenskap av autister där ute som delar mina erfarenheter och min syn på livet. Att känna gemenskap med andra autister har hjälpt mig att känna mig mindre ensam och att förstå mig själv bättre. Det betyder att jag kan vara stolt över min autistiska identitet utan att känna mig dömd eller exkluderad.

Jag vet att det kan vara svårt att vara annorlunda ibland, men jag tror att det är värt det. Att vara stolt över vem jag är som autist betyder att jag accepterar mig själv fullständigt och att jag inte låter andras förväntningar eller missförstånd påverka mig negativt. Jag hoppas att andra autister och personer med olikheter också kan känna stolthet över sina unika egenskaper.

ALLA ÄR INTE STÖPTA I SAMMA FORM

När jag försöker socialisera bland människor som är neurotypiska, så känner jag mig alltid som en utomjording. Och det gör ju inte saken bättre för den delen, utan värre. Det gör att jag aldrig vill socialisera bland dessa "normalfungerande" människor, som det så fint heter.

Nej. Jag är trött på att behöva utstå glåpord bara för att jag är lite annorlunda. Vem har rätten att hoppa på mig för att jag är annorlunda? Ingen, men likväl sker det gång på gång.

Jag har försökt att vara "normal", men varje gång har det inte fungerat. Jag har försökt komma in i gruppen, men det har alltid varit förgäves. Jag har varit den otrevliga. Jag har inte betett mig som "man ska". Jag har inte varit en lagspelare. Det har bara varit fel på mig. Mig. Mig. Mig.

Till slut vet man inte hur man ska bete sig, så man faller tillbaka i sin slutenhet där man startade från början. Ingen tycks ju vilja ha med en att göra. Man kämpar för en plats i samhället. Man ska inte behöva kämpa så här mycket. Det är inte värdigt. Alla förtjänar en plats i vårt samhälle.

Jag förstår inte varför alla måste vara stöpta i samma form för att bli accepterade? Annorlunda är bra! Annorlunda är smart! Annorlunda visar på en egenhet och originalitet! Jag väljer annorlunda! Jag vill vara annorlunda! Jag är stolt över att vara annorlunda!

JAG ÄR EN STOLT AUTIST

Jag är stolt för att jag har de "superkrafter" som det kan inne-bära att ha autism. Jag är noggrann och plikttrogen. Jag gör alltid ett ordentligt arbete och jag slarvar inte. Detta gäller på min Dagliga verksamhet, men även i andra situationer. Jag kanske är långsam och så. Men hellre det än att göra ett slar-vigt arbete.

När jag blir intresserad av något fördjupar jag mig snabbt i ämnet, så jag har bra allmänbildning.

Jag har mängder med kunskap om autism och olika hjälp-medel. Jag är kreativ som få och jag kan sätta mig ner och sortera saker om det behövs. Jag har ett väldigt rikt språk och många typer av kunskaper. Jag är stolt över min uppriktighet och ärlighet.

Därför är jag en stolt autist. Jag gillar inte neurotypiker som säger: "Det finns inget positivt med autism", för det är helt enkelt inte sant.

FÖRSTA GÅNGEN

⚜

MY MIDENIUS

Första gången jag ska göra något, känner jag mig ofta rädd. Osäker på vad som väntar. Är det första gången jag ska till en ny plats får jag ångest, vill veta vart jag ska, vart parkerar jag, hur ska jag gå, hur ser det ut där egentligen? Tänk om jag går vilse och gör bort mig?

Första gången jag ska äta något jag aldrig smakat förut blir jag tveksam. Vågar jag lukta, vad är det för konsistens? Hur kommer det att smaka? Vad gör jag om jag inte tycker om det, ska jag låtsas? Jag är bra på att låtsas.

Första gången jag ska möta någon blir jag ängslig, undrar om jag kommer känna igen personen, hur den ser ut, är hen varm och inbjudande eller reserverad? Vem hälsar först, kommer vi att komma överens, tänk om jag säger något tokigt?

Första gången jag ska öppna en ny bok känns det annorlunda. Jag håller i bokens hårda pärm med tillförsikt och förväntan, öppnar den varsamt. När jag sätter näsan mellan boksidorna och andas in doften av papper och olästa ord så spritter min kropp av lycka. Där har rädslan inget rum.

SPINDELVÄV

MY MIDENIUS

*J*ag har länge burit en önskan om att våga skriva allt. Sätta ord på alla tankar, känslor och upplevelser jag varsamt men bestämt gömt undan och tryckt in i ett skrymsle av rädsla för att något ska synas. Att våga glänta på dörren, släppa in syret och låta världens ljus jaga bort skuggorna.

Jag önskar att jag inte brydde mig så mycket om vad andra tycker och tänker om den jag är, vad jag gör och vad jag säger. Kunde vara mer mig själv. Vara mycket, lite, lite mycket. Att jag kunde slita av den där masken jag ständigt bär och visa mig själv inifrån och ut, utan skam eller rädsla för att någon annan ska bli obekväm eller döma mig. Välanpassade kvinnor går ändå sällan till historien.

Jag önskar att jag inte tänkte så mycket på allt jag kunde gjort annorlunda i mitt liv, på allt jag aldrig gjorde. Att jag släppte ångesten över det förflutna, slutade bära ansvar för hur andra reagerat på det jag gjort och förlät mig själv när det blev fel. För misstag händer och det är okej. Jag är unik, inte perfekt.

Jag önskar att jag kunde berätta, viskande, skrikande. Om allt det där jag lärde mig att inte prata om. För varje berättelse räknas, fast den kan krocka med deras och sätta ord på sådant som gör ont. Jag önskar att jag förmådde göra (klart) och inte bara önska, så jag kunde ta djupare andetag och andas ut all spindelväv som samlats bakom masken.

ORD ATT BESKRIVA VÄRLDEN

MY MIDENIUS

*S*å länge jag kan minnas har det känts som att jag levt i otakt med min omgivning, som om jag fick ett annat manus och alltid sagt fel replik vid fel tillfälle, agerat tokigt i varje scen.

När jag växte upp tänkte jag att det var mitt eget fel att det var så, som att jag var fel och själv bar skulden för att alltid hamna på kant med livet och människorna i det. Mitt fel att ständigt hamna utanför, ofta utsatt av dem som kunde vädra sig till osäkerhet. Mitt fel att jag var annorlunda.

Idag känns det sorgset att tänka på all den skuld jag bar när jag växte upp och som följde mig genom åren som något slags moln av ogreppbar ångest. En ångest som först blev explosiva utbrott, sedan tvångstankar, panikångest, självskada, köpberoende, fobier, allt det som nu i efterhand handlade väldigt mycket om samma sak och hade samma grund. Olika försök att få kontroll över mitt eget sammanhang.

När man som barn lever livet i otakt med alla andra, hoppandes på en studsmatta och ständigt hoppar på fel steg och faller ner på knä, så lever man också i ett desperat behov av att försöka ta kontroll. Hitta något att hålla fast i som kan ge åtminstone små korta stunder av stabilitet och stillhet. Andrum.

När man som barn inte förstår varför man ständigt är i otakt och ens omgivning inte ser eller förstår, så greppar man efter de små halmstrån man kan nå. Tvångstankar skapar struktur, rimlighet, mönster. Trygghet i en värld av otrygghet.

Strikta regler kring mat, om än orimliga och farliga sådana, gav mig tydlighet och något fast att fokusera på där det blev lätt att göra rätt. Att inte äta, eller att äta allt. Shopping blev ett enkelt sätt att känna sig glad, stark, värdefull. Känslor jag inte nådde på så många andra sätt i det kvävande mellanrum jag ofta kände mig i som tonåring.

Hjärtat slår så hårt, så hårt
djupt ner finns både ilska och gråt
hotar varje andetag

Det gör ont att vara svag

Det var inte bra strategier, jag visste det redan då, men har man inga starka strategier använder man det man har. Lever man i otakt och ständigt faller ner blir man till slut desperat och då söker man de lätta lösningarna, även om man får betala extra för dem efteråt. För varje misslyckande rankar man sig lägre, och de sämre strategierna smyger sig närmare.

Redan tidigt i skolåldern mötte jag misslyckanden, i en skola jag inte förstod eller kände mig trygg med. Det fanns ämnen jag älskade, presterade starkt i, men där jag hölls tillbaka av lärarna för böckerna skulle ju räcka hela terminen och man skulle inte tänka själv. Det fanns ämnen jag inte förstod mig på, där lärarnas ord bara blev till gröt medan min hjärna gick på egna äventyr och samtalen som följde efteråt ständigt löd "vi vet att du kan om du bara vill".

Det fanns lärare som inte förklarade nya formler på ett sätt jag kunde förstå, grupparbeten med fri gruppering där jag ständigt arbetade själv, skrämmande korridorer där jag knuffades handlöst nedför trappan om jag försökte säga ifrån. Omdömen som återigen ekade "du måste bara försöka lite mer", kunde jag prestera så bra i svenska borde jag kunna göra det i tyska.

Mitt trettonåriga jag kunde varken förstå eller förklara varför vissa delar var så oöverstigliga, medan andra var lätta som rinnande vatten. Det var obegripligt och jag skämdes, men jag kunde för mitt liv inte ändra på det.

Skolbiblioteket blev min oas, där gömde jag mig varje chans jag fick, varje ledig stund. Begravde ansiktet och tillvaron i böckerna så att jag kunde glömma allt omkring mig. Litteraturen lät mig vara vem som helst, leva hundra olika liv i ett. I böckerna fann jag en ny mening och en välkommen fristad från allt det som kändes skrämmande och obegripligt i mitt liv. Eskapism, verklighetsflykt.

Misslyckanden som staplas på hög gör en sakta mindre. När man redan är reducerad är det lätt att hamna i relationer som krymper en ännu mer. Vissa personer kan vädra sig till sig trasiga själar, och när man väl är i en nedbrytande relation och precis insett hur dålig den är, är det alldeles för lätt att i blind desperation råka ta sig vidare till en värre, som en karusell av destruktiva relationer.

Jag hade tur och lyckades kliva av karusellen innan det var för sent, en tur som inte är alla förunnad. Fann trygghet i min familj och vänner, och i spillrorna snubblade jag över en annan slags kärlek, en genuin sådan som jag förut inte visste fanns.

Att som både sju- och fjortonåring känna att man är fel – och ensam bära skulden för det – är ingen lätt börda att bära, och jag kommer inte låtsas att det var det. Men trots att det var svårt, hade jag också goda vuxna runt mig som ville väl och lät mig landa mjukt hos dem, som försökte hjälpa mig rätt.

Det var inte lätt för dem heller, de trodde precis som jag att jag bara var annorlunda, levde efter ett eget manus, för det var så de själva lärt sig.

Så fortsatte livet, jag föll och föll på den där studsmattan alla andra hoppade på, och försökte ta mig framåt. Stapplande lyckades jag sakta hitta gemenskap i mellanrummen, fann mening i att skriva texter och tog mig med viljestyrka till slut hela vägen till vuxenlivet.

Där fann jag lugn och stabilitet med autonomi, självstyre och att bo ensam. Började arbeta med ett av mina favoritintressen, pedagogik, och min starka yrkespassion ledde mig så småningom tillbaka till skolbänken.

Att studera till förskollärare på universitetet var för mig långt enklare än att läsa grundskolan. Dels för att jag nästan bara läste ämnen jag var motiverad till att läsa, dels för att jag lärt mig bra strategier på vägen, och också för att människor som läser till lärare ofta är inkluderande människor med starka personligheter som tycker att detta att vara annorlunda är en kul grej och inte något man blir knuffad utför trappan för.

Rent studietekniskt var det inte lätt, för jag kunde fortfarande inte göra mina uppgifter i tid och kämpade med startmotorn. Jag satt ständigt mot klockan och skrev för att sedan lämna in mina uppgifter precis före deadline. Resultatet blev ändå bra, jag har lätt för att lära. Huvudet var snabbt när det behövdes och jag presterade på topp när klockan glödde bakom mig, medan mina kurskamrater bara skakade på huvudet åt att jag alltid var sist att starta.

Det blev en examen, och ett yrke jag älskat. Arbetet gav mig struktur i min vardag, och arbetet i sig var varierande och meningsfullt med stor möjlighet för mig att utvecklas och lära mig nytt. Livet kändes mindre skakigt, som att den förut ständiga jordbävningen nu mer kom i vågor, snarare än att pågå konstant, och i pauserna kunde jag till och med känna självförtroende, styrka och att jag var på väg åt rätt håll.

～∞～

Mina psykiska monster och destruktiva strategier från förr hade bleknat under studierna och med mitt nuvarande liv; i ett nytt arbete, på en ny ort och med en ny relation, hittade jag andra sätt att möta vardagen. Glömde kanske bort mig ibland, ganska ofta, och gick så upp i mitt arbete, förtroendeuppdrag och relationer att jag helt missade att ta vara på mig själv, men mådde ändå bra.

Jag och min partner trivdes och levde vardagsliv. Vi började planera för barn, fick kämpa, länge. I sex års tid stred vi för att gå från två till tre och plötsligt en dag så var han där. Vår son. Tolv veckor för tidigt kom han och ställde vardagen på ända.

Inget av det jag läst och lärt mig under alla år om att bli förälder kunde appliceras i vår verklighet för vi hade ingen BB-tid eller en nyfödd med oss hem, vi blev i stället kvar på neo, osäkra och utelämnade till andras rutiner och bestämmelser. Utan kontroll. Gäst i någon annans domän, där jag hela tiden var rädd att säga, göra, vara fel.

Sjuksystrarna var vänliga men hade många åsikter om vad och hur föräldrar skulle göra och bete sig, alltid olika, beroende på vem av dem som var på plats. Hela tiden kände jag mig osäker, ifrågasatt och bedömd. Inte vågade jag fråga eller prata om det heller för jag ville inte vara till besvär, utan jag stängde av och fokuserade på min son, larmen, maskinerna. Lämnade knappt sjukhusbyggnaden förrän sonen var stark nog för hemsjukvård.

Hem kom vi efter 8 veckor, på nyårsafton, med en bebis som bara skulle varit vecka 36 i magen men som nu var 8 veckor utanför. Det var en obeskrivlig känsla, sonen var fortfarande kopplad till syrgas och övervakning och det var syrgasslang i hela huset, men vi var hemma. En oerhörd lättnad att äntligen få vara i sitt eget hem utan personal.

Jag grät, i många dagar. Kanske baby blues, kanske lättnad, kanske rädsla, kanske allt. Vår son mådde bra för att vara född 12 veckor för tidigt, när vi kom hem hade vi hemsjukvård som kom ett par gånger i veckan för syrgasen men annars var vi själva. Vår lilla familj.

I februari skrevs vi ut och överlämnades till BVC där vi fick kallelse till vår första föräldraträff, då kom covid. Vi låste in oss där hemma, rädda för vad som skulle kunna hända en prematur. All planering för föräldraledigheten ströks, inga föräldragrupper, ingen öppen förskola, inga besök, inget jobb.

Ensamhet.

Allt fokus gick till vår bebis. Jag som var van att göra avkall på mig själv för andras skull tappade nu helt och hållet bort mig själv för han ville aldrig lämna min famn. Han hade kolik och skrek ofta och länge, dygnet runt, sov inte. Jag älskade honom så bottenlöst och det värkte i mig varje gång han grät otröstligt.

∞

Det tog något år, blev lite bättre. Vi hittade en vardag i sömn-löshet och babyliv, han, jag och min partner. Närmade oss något slags balans med bebislek, hushållsarbete och mat-lagning, och när jag efter ett års föräldraledighet började jobba lite flöt jag upp till vardag igen och fick bättre rutin på mig själv också.

Jag förstod inte riktigt varför jag inte var en sån som kunde njuta av att vara ständig hemmaförälder. Jag älskade att vara mor och att spendera tid med vårt barn, men på jobbet kunde jag vara mer än mamma. Det gav känslor av skuld som snabbt förstärktes varje gång jag fick frågan varför jag ville börja jobba tidigt. Jag hade inget svar, jag förstod ju inte själv. Men skul-den bar jag, för enligt andra var skulden min att bära, som valde bort att vara hemma på heltid.

När min son skolades in på förskola gick jag sönder inombords, inte för att förskolan var olämplig, utan för att min son i början inte fick kontakt med pedagogerna. Inskolningen var kort med någon timmes lek per dag, och han var så uppslukad av alla spännande leksaker att han inte hade tid att bygga relationer med dem.

När det väl blev dags att börja säga hej då grät han högt, och mitt hjärta skrek med honom. Det var inte möjligt att för-handla, jag hade försökt redan före inskolningen, och jag kände mig som världens sämsta förälder som inte kunde kommunicera sonens behov med förskolan på rätt sätt utan att det blev fel. Mitt manus skar sig direkt mot deras.

En pedagog frågade mig över telefon en dag om jag hade någon npf-diagnos. Nej, det hade jag inte. Jag var bara orolig för min sons skull, jag kände ju honom och vad han behövde. Men jag kommunicerade klumpigt med det där skrikande mammahjärtat i bröstet.

Han landade där till slut. Några månader av dåligt samvete och lämningar från famn till famn och så var vi i hamn. Han och jag kompenserades för kampen med att han över tid utvecklade starka relationer med sina pedagoger, som han fortfarande känner starkt för.

Tiden gick, han hade kul på förskolan och jag på arbetet. Samtidigt blev eftermiddagarna tuffa när vi på olika sätt fick gemensamt batterislut. Han och jag. Stora utbrott redan vid hämtningen, i bilen, i trädgården på väg in. När vi väl var inne kände jag mig gråtfärdig som inte kunde möta honom rätt, inga av alla de pedagogiska tekniker jag kunde räckte till. Jag räckte inte till. Pappan räckte inte till.

Gemensamt skrapade vi ihop något slags eftermiddagspussel innan vi kraschade i säng för ännu en natt utan sömn. Uppvak på uppvak, sömnlöst. Vaket. Kaffe och magkatarr. En spiral av otillräcklighet som åt upp mig och långsamt tömde alla mina reserver, och jag kunde inte förstå varför det där manuset stämde så dåligt med hur alla sa att föräldraskapet skulle vara. Det var ju bara att göra, sa andra mammor med förmanande röst, likt lärarna i grundskolan.

Tyst vaktar mörkret
tankar maler, tröttar ut
sömnlös vilsenhet

När sonen var 2,5 och vi hade uppföljning på neonatala mottagningen flaggades det för att vi nog borde göra en utvidgad bedömning. Utbrott, sömnsvårigheter och hyperaktivitet kunde ha orsaker som inte behövde handla om föräldraskap.

Vid 3 års ålder gjordes en första npf-utredning där vi fick adhd, autism och ett par andra diagnoser beskrivna för oss. Det pågick länge, möte efter möte, information, skattningar och aktiviteter. När vi satt där och fick se vårt barn prövas mot kriterier, och höra alla olika sätt neuropsykiatriska funktionsnedsättningar kan yttra sig på, började klockorna ringa i mitt inre. Först svagt, otydligt. Sedan allt klarare.

Någonstans halvvägs in i utredningen slog klockorna i mitt huvud så högt att det dånade. Det var inte vårt barn som beskrevs längre, det var mitt eget ansikte jag såg där bakom alla formuleringar och exempel. Men var det ens möjligt? Var det rimligt, eller bara inbillning?

Jag chansade och sökte hjälp, hade tur och fick utredning ganska direkt. Jag sökte för adhd, då det var där jag känt igen mig förut, men psykologen sa redan vårt första möte att en del får med sig mer än man förväntar sig. Kanske var det en hint, kanske en försiktig förberedelse.

Autism nivå 1 och en medelsvår adhd, kombinerad form. Psykologen var vänlig vid återgivningen och motiverade tydligt varje kriterium med konkreta exempel för att betona att det hon sa var på riktigt. Jag lyssnade ihärdigt, försökte memorera varje ord medan min hjärna exploderade om och om igen, och jag kunde för mitt liv inte förstå hur hon kunnat läsa så mycket från mig genom våra intervjuer.

När vi närmade oss slutet av återgivningen frågade jag henne om det verkligen kunde vara möjligt att gå ett halvt liv utan att veta om något sånt här, och hon svarade att vi var många. Framför allt kvinnor. Hon förklarade hur ett högt intellekt har gjort att jag teoretiskt och systematiskt lärt mig strategier att hantera livet och olika situationer, snarare än intuitivt och automatiserat som normtypiska gör.

Det, tillsammans med att jag som högpresterande flicka växt upp i ett samhälle som lärt mig och andra flickor att vara till lags och inte skapa besvär, har gjort att jag maskerat mina svårigheter och lärt mig dölja dem. Lärt mig maskera för att överleva.

Intervjun tog slut, och jag lämnades att över julen begrunda min existens, mitt jag, mitt liv. Det tog lite tid. Julen kom och julen gick. Hjärnan malde, runt runt. Jag googlade, tänkte, läste, funderade. Vad skulle jag göra med informationen, vem var jag nu?

Någonstans runt nyår frågade jag min partner om han tyckte att jag var annorlunda nu men han förstod inte vad jag menade. Inte jag heller, men det kändes konstigt inuti mig. Jag kunde inte sätta ord på varför. Det var ingen obehaglig känsla, inte heller välbehag. Bara en känsla av något ogreppbart.

Jobbet började, vardagen började. Jag levde på som vanligt och trodde att vi skulle gå tillbaka till den eviga utmaningen att pussla ihop min lilla energi med familjen om eftermiddagarna. Fortsätta prioritera ner mig själv medan mitt batteri tömdes av arbete och föräldraskap för att jag aldrig kunde låta bli att alltid ge allt och ändå känna att jag inte räckte till, i en ständig strävan efter att finnas för alla och göra allt perfekt.

Men något hände. Plötsligt kändes det som små försiktiga klappar på axeln när jag inte klarat att stiga in i duschen, eller blivit kvar där inne för länge och därför inte hunnit äta frukost. En tyst förståelse över att sensoriska övergångar är svårt för mig och tar tid. När sonens och mitt batteri tog slut efter hämtningen på förskolan struntade jag i alla planer för kvällen och valde att läsa en bok tillsammans istället, och det var inte ett moln av skam utan ett moln av lättnad som omgav oss där i soffan.

Jag bjöds in till habiliteringen som med sin vänliga kurator och arbetsterapeut lärde mig ännu mer om mig själv, gav mig ord och förklaringar för mycket av det jag upplevt. Lärde mig förstå vad kärnan i just mina svårigheter var, slog hål på mina gamla förutfattade meningar om autism och adhd, och förklarade det på nya sätt. Förklarade så att det blev greppbart varför enkla uppgifter som att skriva en lista över saker att göra tömde mitt hela batteri medan jag kunde ladda energi när jag stod ensam med 14 barn i en sångsamling på jobbet. Hur jag kunde känna total avslappning av att lyssna på podd, se en film och lösa korsord på en och samma gång, men få fysiskt ont av någon som andas för högt.

Det var som att få glasögon efter ett halvt liv av synnedsättning, plötsligt såg jag detaljer jag aldrig lagt märke till och livet fick så många fler nyanser. En ny vardag växte fram, där jag med små försiktiga skutt plötsligt fann mig hoppa studsmatta. Inte bara själv, utan med familjen. Försiktigt, ett hopp i taget. Ramla, sedan upp igen, hopp hopp.

Det växte ett nytt liv inuti mig. En lillasyster, vår familj skulle bli fyra. Jag hade varit helt säker på upprepning av allt vi gjorde första gången en gång till. Men vi undslapp neo, hon höll sig kvar till dagen efter beräknad födsel och gjorde en inte lika dramatisk men ändock otrolig entré till världen. Jag som varit säker på att jag skulle vilja stanna kvar på BB några dagar och landa trivdes inte alls att vara gäst där och känna mig till besvär utan ville hem till vår egna familj så snart som möjligt, och dagen därpå fick storebror med pappa komma och hämta hem oss.

Att bli förälder är känslosamt, framför allt när man som jag har känslorna utanpå kroppen och känner både toppar och dalar starkt. Men den här gången var jag beredd, hade fått ord att beskriva det jag upplevde. När jag blev överväldigad förstod jag varför, när jag inte klarade mer fysisk närhet visste jag att jag var "touched out" och behövde en paus och kunde kommunicera det.

Min familj stod nära och hjälpte när vi behövde. Lyssnade, och tolkade ibland när min logiska hjärna och mitt mammahjärta inte alltid ville samarbeta och jag återigen gav för mycket av mig själv. Min partner, pappan till våra barn, kunde nu också förstå varför jag kunde göra en sak med lätthet 99 gånger av 100 men inte alls den 100:e gången, när han behövde agera startmotor och när han behövde ta båda barnen på en promenad för att ge mig en stunds total tystnad.

Jag började jobba redan efter 2,5 månad. Lite, ett par timmar i veckan, i samråd med chefen och vården. Var föräldraledig ett drygt år, men utan att vara hemma på heltid. Det som förra gången gett mig sådan oerhörd skuld, gav mig nu styrka, ro. Gav mig energi att vara den bästa mamman för mina barn, och den här gången kunde jag förstå och beskriva varför det gjorde skillnad. Vi fann glädje och styrka i vår lilla känslostarka familj när vi började leva på vårt vis och kände stolthet i det.

En dag i taget
tiden andas ögonblick
vi är här och nu

Under det året hoppade jag studsmatta varje dag, utan att ramla. Jag behövde ta pauser, fler än de flesta som hoppade runt mig. Jag var ingen elithoppare, men jag hoppade mer än jag föll på den där studsmattan och jag kände mig stabil.

Under det där året som nydiagnostiserad och tvåbarnsmamma insåg jag sakta och med tillförsikt, att det aldrig var jag som fått fel manus. Det var aldrig jag som sa eller gjorde fel, mitt manus var alltid mitt och rätt. Det var kartan över allt runt omkring mig som inte stämde, förklaringarna och förutsättningarna jag gavs att förhålla mig till passade inte mitt manus. Kartan och den kuliss jag levt och agerat emot, var inte för neurodivergenta utan för neurotypiker. Känslan av att alltid vara i otakt kom av att jag snubblade över allt som inte fanns på kartan men som fanns i min verklighet, att jag ständigt försökt passa in mina stjärnklossar i deras kvadrater.

Eftersom jag aldrig hade haft ord eller begrepp att beskriva min värld hade jag heller inte kunnat rita rätt karta. Det har jag nu. Med den förståelse jag har nu kan jag beskriva min verklighet på ett sätt som skapar stabilitet och styrka, hållbarhet.

Jag har efter min utredning mött några som ifrågasatt poängen i att utredas som vuxen, om jag ändå tagit mig ända hit – vad gör en diagnos då för skillnad? För mig är det inte diagnoserna i sig som gjort skillnaden, utan att få kunskap, förklaringar och förståelse. Det är mycket enklare att acceptera och leva med sina utmaningar och svårigheter om man förstår hur och varför, det är lättare att hitta fungerande strategier om man vet vad strategierna behöver svara mot.

Jag som hela min skoltid fick höra "vi vet att du kan om du bara vill" trodde att ansvaret för vad jag klarade av att prestera endast och enbart låg på mig. Nu vet jag varför det inte stämmer, varför mellanled i matematik var rena grekiskan medan jag hyperfokuserade och fick högsta betyg på skrivlektionen. Hur det är möjligt att komma ihåg hundra saker om mina barn och ordna allt för dem, men samtidigt glömma att själv äta en hel dag. Varför hjärnan känns som en elvafilig motorväg där bilarna kör så fort att jag knappt hinner se vilken färg de har och varför de låter extra högt när jag ska sova.

Nu vet jag vad autistic burnout är, vilka strategier jag behöver använda för att ta mig ur det, varför det är viktigt att sätta gränser och släppa masken. Nu vet jag hur det känns att vara en trygg förälder som förstår att ta pauser och hjälp när det behövs, stressa ner och skynda mindre. Hushålla med batteriet, vara här och nu.

Med ord och kunskap om hur jag fungerar och varför, kan jag sluta leva mot ekot av mina gamla lärares ord "du kan om du bara vill", och i stället skapa en egen kampsång av "jag vill, och jag kan med rätt förutsättningar".

Ord skapar världen, och med orden som tillhör mig målar jag min värld.

Måla min värld i ord
skrik det som aldrig fått höras
viska det som bultar inuti
sjung det som glittrar i ögonen
för alla utan röst
barn i mellanrummet
måla min värld i ord

TORSTEN

FREJA STEINSDOTTER

*E*fter en vansinnes dag stod Neti och lutade sig över altanräcket, hennes katt Torsten satt bredvid på led-stången, de spanade i godan ro ut över ängen som sträckte sig ned mot havet. Torsten var mest upptagen med att ha koll på alla rörelser i det höga gräset, samtidigt som Neti vaggades till ro av havets stilla rörelser. Men de lyssnade troligtvis till samma skönsång från skogen som låg intill ängsmarken.

Där stod de, tätt intill varandra och njöt av varandras sällskap. Samtidigt som det bortom skogens trädtoppar, där fåglarna kvittrade för fullt, gjordes tydligt hur dagen kröp mot sitt slut. Den nedgående solen målade himlen pastellorange.

När Neti stod i kvällssolen med sin vän och insöp lugnet slogs hon av tanken på hur hon på dagen för elva år sedan hade blivit påkörd. Hon tänkte särskilt på vad som hände några dagar därefter, då hon fortfarande låg på sjukhus. Hur en pôjk ropat till hennes bror:

"Din syster kan inte cykla"

Lillebror hade då sprungit över skolgården och dragit ner pojken i backen.

När detta hade nått fram till de vuxna på skolan, blev den naturliga följden att ha ett samtal. Den andra pojkens föräldrar var närvarade. Lillebror hade fått frågan om han ville ha med sina föräldrar, med tanke på var hans syster befann sig ville han inte besvära dem. Han kände inte att han behövde deras stöd. Blott sina elva år var han redo att stå upp för sig själv.

När Lillebror hade berättat vad som hänt var det inte någon av de vuxna som blev arga på honom. De vuxna, inkluderat den andra pojkens föräldrar, var ense om att hans utspel varit fruktansvärt. Och att Lillebrors reaktion inte varit annat än rimlig.

$\longleftarrow \infty$

Netis dag hade varit lång. Efter att hon hade tänkt på vad Lillebror hade erfarit för elva år sedan, färdades hennes tankar tillbaka till sin samtid. Hon blev för en sekund lite osäker på om händelseförloppet verkligen rymdes inom tidsspannet av samma dag. För ibland då dagarna varit alldeles för händelserika, kan det kännas som att det som inträffat tidigare under dagen – måste ha ägt rum dagen innan.

Hon mös av tanken på hur hon under förmiddagen, innan sin tid hos psykologen, hade hunnit plocka kantareller ihop med Torsten. Bilderna och känslan av detta varma minne kyldes sorgligt nog snabbt ner av tanken på hur hon senare under dagen hade plockat kantareller ihop med ett betydligt mindre mysigt sällskap.

På sin väg hem från psykiatrin fick Neti idén att parkera sin cykel (för jo, hon kan cykla), och sätta sig och titta på fåren.

Cykeln var tung och otymplig med tanke på att hon hade passat på att handla mat då hon ändå hade tagit sig till bebyggelsen. Det var inte utan besvär hon balanserade den på sitt stöd på den ojämna asfalten längs med den snirkliga landsvägen. Efter att hon hade lyckats få sin cykel att stå stadigt, gick hon några steg ner i diket, hon drog av sig sin jeansjacka och la den i gräset, sen satte hon sig på jackan i diket, för att i den förvånansvärt varma höstsolen iaktta fåren som var ute på bete.

När hon hade suttit där ett tag och njutit, dök det upp en man på cykel. När han hade fått syn på Neti stannade han i vägrenen, placerade sin cykel precis framför Netis fullpackade åbäke. Han frågade henne vad hon hade för sig, när hon hade svarat att hon satt och fårskådade, frågade han om han fick lov att göra henne sällskap. Varpå Neti svarade på det mest autistiska vis. Nämligen att hon inte kunde förbjuda honom, eftersom hon befann sig på en yta som rimligtvis faller under allemansrätten.

Han skrattade lite åt hennes oväntade gehör, samtidigt som han parkerade sin cykel och närmade sig henne med några steg. Då han hade kommit närmare frågade han, mer specifikt, om hon ville ha sällskap. Neti, som var en nervös individ, förmådde inte att säga nej. Svaret hon gav i ett något förstrött tonfall, var därför lite öppet för tolkning:

"Jag vet inte, jag antar att du är fri att göra som du vill..."

Den 32 år gamla mannen uppfattade detta uttalande, trots dess försiktiga spydighet, som en inbjudan. När han landade i gräset bredvid Neti, i dikets otrimmade vegetation, konstaterade han vad Neti ansåg vara uppenbart:

"Det är ju blött!"

Då de satt bredvid varandra, kände Neti hur hans andedräkt osade av alkohol. När han började prata med henne drabbades hon av en viss sorg, för det blev genast tydligt hur denna brötiga och tjötiga göteborgare (låt oss kalla honom Glenn) inte skulle ge något som helst utrymme för det lugn hon precis hade njutit av.

Glenn inledde ett samtal med de klassiska frågor som brukar ställas då två människor först möts. När han frågade Neti om hennes ålder, märkte hon på hans sätt att fråga samt hans reaktion då hon svarade "24", hur han i huvudet försökte räkna ut om hon var i "lämplig ålder".

Under samtalets gång blev det tydligt hur Neti hade väckt ett intresse hos mannen, han ställde en mängd frågor. Eftersom Neti inte ville uppmuntra hans intresse, och likt fåren tvingades acceptera en roll som bytesdjur, lämnade hon ansvaret för samtalet till honom. Något som han var nyfiken på var hur det kom sig att hon skådade får.

Neti berättade om hur hon drömmer om att bekanta sig med samtliga arter som människan samlever med, samt hur hon med tanke på att hon bor längs med vägen, många gånger har iakttagit fåren från den bil hon har suttit i passagerarsätet av. Därav hade hon nu – då vädret tillät, och hon var den som styrde sin väg hem – beslutat sig för att stanna.

Detta gav den enerverande göteborgaren en idé, han reste sig och uppmanade Neti att göra detsamma, för han tyckte att det vore mer värt att gå in i hagen för att få kontakt med fåren. Neti blev förtvivlad, för hon ville inte störa djuren mer än vad hans tjöt redan gjorde. Hon ville inte heller riskera att göra sig ovän med bonden vars får hon uppskattade så mycket.

Hon försökte få honom att förstå sin motvilja genom att förklara hur hon inte ville störa fåren i deras naturliga beteende, för det var just det som hon tyckte var så vackert och intressant att betrakta. Men det lyssnade Glenn inte till, han ville envist uppleva fårens sällskap som om deras hem vore ett barnzoo. Som ett trotsigt barn ignorerade han hennes vädjan med ett kliv över stängslet in i hagen.

Neti, som kände ett ansvar för hur detta obekanta fyllo bemötte fåren, reste sig motvilligt och följde mannen över elstängslet. När hon la sin jacka i fårhagen, följde Glenn hennes exempel, för att inte bli blötare än vad han redan var. Neti hade placerat sig och Glenn en bit från de (g)ulliga djuren. När Glenn reste sig och gjorde ansatsen att närma sig fåren vågade Neti säga ifrån. För då hon såg hur obekväma djuren blev, föll det sig naturligt för henne att likt en förälder fostra denna åtta år äldre man.

Hon förklarade för Glenn att hon kunde tänka sig att sitta i hagen, men då ville hon att han skulle sitta stilla bredvid henne och om fåren skulle vilja var de fria att komma fram för att hälsa. Men det skulle vara upp till fåren.

När Glenn försökte manipulera deras vilja genom att sträcka fram en näve gräs, fnös Neti. Hon påtalade att det verkade osannolikt att de skulle bli sugna på att hälsa för den sakens skull. Med tanke på hur de hade en hel hage full av samma råvara.

Efter att de hade suttit där ett tag och Neti några gånger hade fått hålla tillbaka Glenn, då han försökt närma sig fåren, kände hon slutligen att hon behövde komma hem till Torsten. Fast då Neti hade ställt sig upp, samtidigt som hon skakade av sin jacka, blev det tydligt för henne hur hon hade missat att tänka på en avgörande detalj. Glenn hade enbart stannat upp för att fårskåda eftersom hon suttit utmed vägen. När hon nu skulle vidare – var det ingen mening för Glenn att sitta kvar. Vilket innebar att de reste sig unisont.

När de gick mot sina cyklar föreslog Glenn att hon skulle komma med honom ut i skogen och plocka svamp. Neti avböjde med motiveringen att hon längtade hem till sin katt. Men eftersom Glenn inte var vidare bra på att förlika sig med att hennes vilja inte var förenlig med hans, släppte han inte saken.

När Neti hade kommit på ungefär tjugo olika kreativa motiveringar till varför hon inte ville göra honom följe ut i skogen, blev Glenn allt mer aggressiv då han argumenterade för motsatsen. Neti blev skrämd och allt hon tänkte på var hur hon absolut inte ville att han skulle förfölja henne hem. Vilket ledde till att hon gav med sig.

Då de skulle gå in i skogen gav Glenn en ICA-påse till Neti. Han hade med sig flera matkassar. Neti kunde inte hålla sig och påtalade hur optimistiskt det framstod, men att han hade valt fel typ av påse, en plastpåse är inte någon lämplig förvaring av svamp. Glenn mumlade något om hur han hade tagit vad han hade hittat hemmavid. Med tanke på att han var alkoholpåverkad, kunde Neti ha överseende med att han inte hade haft svamparnas bästa i åtanke.

Väl i skogen hittade de några kantareller och trattkantareller vardera. Neti var betydligt bättre på att urskilja de gyllene hattarna bland höstlöven och mossan. Fast med tanke på Glenns tillstånd och hur han var alldeles för upptagen med att göra vad göteborgare gör bäst – tjôta – var det ingen direkt överraskning hur han missade och gick förbi en hel del av skogens guld.

När de kommit överens om att det räckte med svampplockande för dagen bjöd Glenn med Neti hem till sig. Han jobbade som kock och hade planerat att tillreda svamparna på något mer spektakulärt vis än den klassiska kantarellmackan. Men Neti var inte ens lite sugen på att uppleva denna måltid, framför allt var hon inte sugen på att tillbringa en sekund till i Glenns sällskap. Hon tackade nej till hans inbjudan. På deras väg till cyklarna försökte Glenn flera gånger övertala henne om hur trevligt det vore med en gemensam middag. Neti avböjde eller ignorerade honom gång efter annan.

Då de kommit fram till cyklarna och gjorde sig redo att dra vidare, försökte Glenn en sista gång att få med sig ett middagssällskap hem. Men då var Neti så trött på hans tjöt att hon avbröt honom genom att deklarera:

"Nej tack! Nu måste jag hem! Jag saknar min katt, vi har inte setts på evigheter. Ha det gött och smaklig måltid!" varpå hon satte sig på sin cykel och trampade iväg hemåt – i motsatt håll från där göteborgaren bodde.

När Neti väl hade kommit hem och skulle plocka upp matvarorna, var det som att hennes huvud hann ikapp henne och hon fick en chock vid tanken på vad hon precis hade varit med om.

I syfte att bearbeta detta ringde hon sin "fördelaktiga vän" för att delge vad som precis hade skett. När hon i sin återgivning av dagens händelser, hade kommit till den del där hon följde mannen ut i skogen, avbröt vännen henne och utbrast:

"Är du helt go eller? Du kan ju inte gå ut i skogen med en okänd man, för fan!"

Varpå Neti kontrade:

"Men jag ville ju inte bli förföljd hem!" samtidigt som hon drabbades av ytterligare en insikt, som tidigare hade flugit henne rakt över huvudet: Att följa med en okänd man ut i skogen – det kan vara att skriva en deckare av sitt liv.

Efter att Neti hade lugnat ner sin vän – som hade gått upp i varv efter denna brutala insyn kring hur hennes huvud får kortslutning i sociala kontexter, och vilka risker detta kan innebära – diskuterade de hur han hade det på jobbet.

Då hans dag på ICA-lagret hade diskuterats bestämde de sig för att säga hejdå. Fast innan Neti var redo att trycka på den röda luren, för att de skulle fortsätta med sina respektive dagar, behövde hon få ställt en snabb fråga.

"Men du, innan du går, var det verkligen så dumt att gå ut i skogen? Jag menar jag överlevde ju och han kom inte med mig hem..."

Varpå hennes vän svarade: "Nja, okej då...!" i ett något trött och förtvivlat men ändå kärleksfullt tonfall.

När hon hade stoppat ner telefonen i fickan var hon ganska nöjd med samtalet och bearbetningen av dagens händelse.

Torsten hade, då de lagt på luren, fått i sig maten som Neti gett henne så fort hon hade fått av sig skorna. När Katten kom och strök sig om benen på Neti, förstod hennes människa vad hon hade i åtanke. Hon tog ut folkölflaskan som hon precis hade stoppat in i kylen, knäppte denna, drog på sig skor och islandströja, och sen gick hon med sin vän ut på altanen.

Väl där ute lutade sig Neti mot räcket, för att njuta av kvälls-solen med det bästa svampplockarsällskapet sittandes tätt intill på ledstången.

När ölen var drucken och det började bli sådär bitande kallt som det blir om höstkvällarna, föreslog Neti att de skulle dra sig in för kvällen. Torsten, vars päls stod rätt ut, i skydd mot kylan, var positiv till sin människas förslag. Väl inne satte sig Neti vid skrivbordet, Torsten lade sig på sin plats uppe på bordet.

Detta var Netis stoltaste bygge och design, ett skrivbord med en inbyggd kattplats precis vid fönstret, med utsikt ner mot ängen som slutade i havet. När Torsten låg där och Neti var upptagen med att måla, kunde hon om Katten önskade lägga sin arm om henne. En dag som denna, då Neti hade varit hemifrån en längre stund, önskade Torsten närheten av sin människa.

Så snart Neti hade fått fram vad hon behövde för att fortsätta med sin bild, lade hon armen om sin lilla katt. När hon väl satt och målade, tog Torsten tillvara på närheten. Hon lade sin vackra skalle i sin människas handflata samtidigt som hon kramade om armen, som för att säga: "Lämna mig aldrig igen!"

Och ja... Torsten är en hona.

HEIÐAR

FREJA STEINSDOTTER

Känn ingen sorg för mig Göteborg...

Igår då jag väntade på tåget i Karlstad, kom en kvinna som skulle med samma tåg, vi stod och pratade under väntetiden. Vi pratade om allt möjligt, bland annat om hur olika jargongerna är i Sveriges olika städer. På tal om att hon hade tittat på hus i Karlstad nämnde jag att jag anser Karlstadsborna vara trevliga, hon kontrade med:

"Vad kul. Annars tycker jag om Göteborg, där är alla så goa och glada."

När hon nämnde de "goa glada" göteborgarna vred det sig i magen på mig. Med tanke på att det nu finns en mindre av dessa. Jag stod i samtalets stund och väntade på tåget som skulle ta mig hit, till Heiðars begravning.

Heiðar levde verkligen upp till myten om den "goa, gláa göte-

borgaren". Och jag tycker att hans bortgång är en sorg för
Göteborg.

I will tell your story if you die
I will tell your story and keep you alive

Egentligen behöver jag inte berätta om Heiðar, för hans
karaktär och story är ganska välbevarad i fotografier och
filmer. Men jag skall göra mitt bästa att minnas karaktären
han var i min story.

Så vem var Heiðar för mig? Han var min farbror, och vårt släkt-
skap var uppenbart, vi var precis lika envisa och hängivna. Vi
delade intresset för fotografi och ord.

På tal om ord (och mitt fotografiska minne), vill jag berätta om
ett ögonblick som jag fick uppleva ihop med Heiðar. Vi var
hemma hos honom, vi stod vid hans bokhyllor och talade. Jag
använde då ordet "hommage", vilket fick Heiðar att stanna
upp i samtalet, han såg överraskat på mig. Sen sa han:

"Hommage!? Vilket jävla ord! Fan vad jag älskar dig!"

Avslutningsvis i min text, som jag hoppas kan uppfattas som
en hommage, vill jag bara skriva:

Fan Heiðar, jag älskar dig med!

Idag är jag i Göteborg och jag känner sorg.

Denna text skrev jag inledningsvis då vi i gruppen hade en digital sammankomst, det andra stycket skrev jag då jag dagen efter satt på begravningsfikat och undvek det sociala ansvaret att mingla.

Utöver vad jag skrev då, vill jag också passa på att skriva att jag minns Heiðar med värme. För hans kärlek till familjen var precis som hans lasagner – nog för ett kompani; han har inte lämnat oss utan rester.

TYSTA SVAR

VIOLA VIDEUNG

*V*iola Videung startar dagen så som hon alltid har gjort. Tidigt precis när dimman har börjat lätta under morgonen sätter hon sig vid sitt skrivbord. Där låter hon tankar, reflektioner och drömmar komma till tals, ord som blandas och dansar över bladen. Hon tycker det är så skönt att skriva, det lugnar hennes högaktiva hjärna.

Hon har alltid fått höra att hon har en livlig fantasi men att hon tänker för mycket, ställer för annorlunda frågor och är för nyfiken. Att skriva har blivit hennes sätt att uttrycka det virr-varr av tankar som aldrig har fått en chans att höras, eller yttras. Alla frågor, funderingar och idéer måste på något sätt till slut få komma ut. Annars känner Viola att det blir alldeles fullt i hjärnan. Det finns inte plats för mer information. Skrivandet är en ventil för att lätta på trycket.

En liten rädsla har alltid funnits hos Viola över att hjärnan skulle kunna sprängas eller helt enkelt få kortslutning om hon slutade att skriva. Hon har accepterat att hon måste fortsätta denna tryckutjämning i hjärnan manuellt tills den dagen hon dör. Men det har hon aldrig vågat berätta för någon.

Hon vet att det låter dumt. "Kan min hjärna sprängas om jag slutar att skriva? Jag tror nämligen att det är så, då jag behöver tryckutjämningen i hjärnan som det ger." Den frågan skulle kunna läggas till den ändlösa högen som så fort de har yttrats fått stämpeln 'konstiga frågor' och även setts som en galen fundering. Där svaret ofta blir: "Tänk inte så mycket Viola!"

En person som ställer "konstiga frågor" blir ofta sedd som konstig till slut, det är Viola alltför medveten om. Och hur högt måste hon tala för att andra ska tycka att hennes röst hörs tillräckligt? Ofta känner Viola att hon får skrika när hon pratar i klassen. Det dånar i alla fall jättehögt och skär i hennes öron, vilket är obehagligt. Och är det inte meningen att de frågor hon ställer ska vara något hon vill veta svaret på eller har funderat över? Annars kan hon väl få unna sig att vara tyst?

Viola vill inte sticka ut.

Hur mycket behöver en person prata på en dag för att det ska anses lagom?

Viola har räknat att den som pratade mest i klassen yttrade sig nästan sexton gånger per lektion. Hälften blir åtta, vilket för Viola kändes fortsatt övermäktigt. Tanken på att prata fyra gånger kändes inte heller bra i magen. Men två gånger var något hon i alla fall skulle kunna tänka sig att försöka börja sträva mot.

Snart är det dags för utvecklingssamtal och Viola känner en oro, hon vet att det kommer låta som vanligt, hennes föräldrars ansikten som inte kan dölja en viss besvikelse. Att Viola har misslyckats igen. Läraren som berättar att Viola är duktig i skolan men att hon pratar för lite. Att Viola måste räcka upp handen och prata mer i klassen om hon vill ha de högre betygen. Hennes föräldrar som tar Viola i försvar, och säger att hon måste få vara sig själv. Deras ord landar som alltid platt hos läraren.

Viola känner sig trött, hon har faktiskt försökt att prata en eller två gånger per lektion. Men hon kanske behöver tänka annorlunda kring när hon har räckt upp handen och inte har fått svara, att det kanske inte kan räknas som ett försök. Det har såklart då bara blivit "tysta svar" och det verkar inte räknas hos läraren när hon tänker efter.

Viola känner sig arg och tycker att hennes "tysta svar" borde räknas, de fanns där, det var bara att de inte hördes.

Viola har alltid tyckt att det är lustigt när läraren har ställt frågor om saker som de redan har läst eller gått igenom i klassen. Att de då förväntas räcka upp handen och berätta igen. Hon har då tänkt att skolan är till för att lära sig nya saker och tycker att tid slösas på allt detta repeterande.

Viola älskar att lära sig nya saker, det kan göra henne alldeles upprymd och samtidigt ledsen när det händer för sällan. Hon undrar varför hon sitter i skolan bland sina klasskamrater som pratar om saker läraren redan har sagt? Och varför ska hon prata och berätta om saker som hon redan vet? Det känns inte meningsfullt.

Viola har funderat en del på vad som skulle kunna tolkas som "normala" frågor. Faktafrågor från böckerna kanske, inte där det ena sätts ihop med något annat, och knyts ihop till något nytt? Då blir det ofta en fråga som kan tolkas "underligt". Det har Viola fått höra många gånger. "Det var en annorlunda fråga" och en klass som tyst tittar bakåt på henne. Läraren kunde lika gärna ha pekat på henne och skrikit "Viola du är annorlunda!". För det var precis så det kändes.

Det är väl helt enkelt bäst att räcka upp handen och ställa frågor som läraren kan svara på tänker hon, frågor som inte gör att det blir tyst i klassen, frågor som Viola redan vet svaret på. Så får det nog bli.

Men Viola har alltid velat prata när det behövs, inte när det inte behövs.

Och hur ska hon, eller någon annan för den delen, kunna lära sig på bästa sätt i skolan, när det aldrig är tyst? Elementen tjuter, klasskamraterna andas och tuggar tuggummi, allas skor mot golvet ger ifrån sig ett obehagligt ljud när de möter plastmattan. I klassrummet går det inte att filtrera bort allas påträngande närvaro.

Det är som att Violas högtalare i hörselgången alltid är på högre volym än andras. Ibland ser hon sig runt om och försöker se ledtrådar till om klasskamraterna också besväras av oljuden. Men hon finner inget svar och hon vågar inte heller fråga.

Nej, för Viola är det bättre att läsa hemma, där det är lugn och ro, och hon bestämmer sig för att det är bäst att hädanefter hålla sina riktiga frågor för sig själv.

Viola spenderar rasten mellan lektionerna på biblioteket. Hennes fristad. Det är tyst där inne och bland hyllorna med böcker finns all kunskap i världen. Här finns alla svar på allt och lite till, tänker Viola när hon drar handen över de färggranna bokryggarna längs hyllan. På biblioteket går det inte att ha tråkigt. Hon väljer ut en bok från hyllan som ser ut att ha blivit läst otaliga gånger. Luften blir varm och tjock. Gammalt? Är det så kunskap doftar? Gamla människor och gamla böcker har faktiskt en speciell snarlik lukt. Ja, kanske är det så det hör ihop, tänker Viola. Hon känner sig nöjd. Här söker ingen kontakt med henne och att prata är rent av förbjudet, hon fnissar till och gör en glädjesnurr, vilket paradis!

Hon är trygg bland böckerna, så länge hon har dem runt sig och med sig i väskan kan hon inte drabbas av panik eller livsleda över att inte få möjlighet att lära sig något nytt. Ibland stoppar hon ner handen i väskan för att känna på det glatta bokomslaget och hålla i bokens tyngd och låta fingrarna leka med sidhörnen. Vika små trekanter. Boken är med henne. Det gör henne lugn. Den finns där ifall att.

Viola vill läsa mer om livet, något som ämnena i skolan inte alltid bidrar med. Hon behöver all världens livskunskap för att lära sig hur hon inte ska vara annorlunda.

Det är också som att Viola behöver anstränga sig varje dag för att göra hennes hjärna nöjd, hon måste fylla på med ny kunskap. Hon vet att annars kommer de mörka tankarna, hon kan se sin hjärna som ett monster, som morrar och väsnas vid hunger, och så länge det matas håller sig monstret i schack. Hon har lärt sig att det är så det är, men...

Viola inser att hon har glömt bort tiden och behöver skynda vidare till sin nästa lektion. Vart skulle hon vara nu igen? Var det idag det var glosförhör? Hon har ingen penna. Hon bestämmer sig för att fortsätta läsningen när hon kommer hem. När hon stiger ut från biblioteket ser hon i korridoren ryggen på sin klasskamrats randiga tröja.

Ränderna borde leda rätt tänker hon och följer dem koncentrerat med blicken när de sedan viker in i nästa dörr. Lektionen har precis startat och Viola skyndar sig in i klassrummet. Läraren ger en trött blick. Sen som vanligt. Viola har en annan tidsuppfattning än andra, det har hon märkt. Det är svårt att dölja. Hon antar att hon färdas i en annan tidsrymd än andra, i detta kosmos? Det är väl inte helt omöjligt? Nu när det är så mycket annat som är annorlunda med henne?

Viola har redan börjat drömma sig bort och tittar ut genom fönstret när den sedvanliga ceremonin och handräckningen påbörjas. Hon hoppas att imorgon kommer vara en bättre dag i skolan, där hon får möjlighet att lära sig något nytt.

Viola är i alla fall glad över att hennes plats längst bak vid fönstret var ledig idag. Skatorna har börjat samla kvistar till ett bo i träden. De är fulla av videung.

Skatorna ser ut att ha en livlig diskussion om hur deras bostadsbygge ska se ut, det verkar luta åt en funktionell gotik med inslag av ekologisk modernism?

Skatornas förmåga att snabbt flyga fram och tillbaka med kvistar i näbben och samtidigt bygga med precision är fascinerande. Små byggnadsingenjörer. Det går att lära sig mycket genom att betrakta djur, konstaterar Viola. Detta projekt bestämmer hon sig för att följa.

Viola suckar och längtar bort, långt bort, till en plats där hon slipper låtsas att vara någon annan – för att passa in. En plats där hennes egna frågor är fria att ställas.

LIVET I MITT SPEKTRUM AV VÄRLDAR

VIOLA VIDEUNG

Fantasi

Den vackraste platsen
är min fantasi
Jag behöver bara sluta mina ögon och är alldeles fri

En plats där allt
är filtrerat
och redigerat

Utifrån mitt eget tycke
Är livets vackraste smycke

Min fantasi
En plats
Mitt eget palats

Rörelser

Livets gång
I mitt hjärtas rytm

Luftens tyngd
I mitt varje andetag

Ljusets speldosa
I mitt varande i tiden

Kvavt intellekt

Det lätta är svårt
Och det svåra är lätt

Det är paradoxalt att fungera på mitt sätt

Att verka som du inte har koll
Och är rörig,
Samtidigt som hjärnan
Ber om nästa intellektuella beröring

Att hitta sin plats
Och att få excellera

När det lätta är svårt
Och det svåra är lätt

Gör att det är svårt att komma till sin rätt

Att prestera
På det sätt som uppfattas vara rätt
Är inte mitt sätt

Varför är det så svårt att nå fram
När det jag säger är tydligt

Det lätta är svårt
Det svåra är lätt

Tänk bara tvärtom
Så blir det rätt!

Det tar energi
Att förklara

Jag får ofta inse
Att här kan jag inte längre vara

Jag har förstått
Att det är upp till mig själv att fortsätta leta

Där det
Lätta är svårt
Svåra är lätt

En plats där det är acceptabelt att fungera
På ett annorlunda sätt

Annars kommer jag fortsatt
Leva med ett

Kvavt intellekt

Dagens soppa

Samma soppa vareviga dag
Det måste vara tråkigt
Säger du när jag ställer ner min tallrik

Men det är långt ifrån sanningen.

Jag kallar min lunchtid "Dagens soppa"
Låt mig förklara

Om teskedarna är slut i besticklådan
Och jag behöver ta en matsked
Kommer min soppa att smaka järn

Dofter från era tallrikar fyllda med

Spaghetti och köttfärssås
Bulgur och lax med spenat
Rucola, mozzarella och tomat
Ger alla min soppa smak.

Min soppa har gått från len och mjäll till
En blandning av smaker som inte är snäll

Järn och all världens mat
Samsas nu på samma fat
Och detta ska ätas i all hast
Under en halvtimmes rast

Sedan har jag inte ens berättat om matsalens symfoni
Det gör att jag nästan vill låta bli.
Kollegors röster från golv till tak

Alla ljud
Från koppar, tallrikar
Och glas

Stolar och bord som flyttas
Hemliga gester som yttras
En toalett som nyttjas

Allt medan
I bakgrunden en tjutande konsert
Från ett dussin micros
I en otakt av affekt

Så tråkig? Nej!

Dagens soppa, i dubbelt avseende
Är oförutsägbar och ofrivilligt varierad
Med musik hemskt alternerad
Av andra dirigerad

Du är välbevarad

Det vill jag inte vara?
Från när skulle denna bevaring ha börjat undrar jag?

Balsameringen
Konserveringen
Preserveringen

Varför kunde ingen ha berättat?

Att från och med nu
Ska du bevaras

Så jag kunde
Förberett mig

Att förvaras
För att inte förfaras

Leva till dess
Men sen inte mer

Tas tillvaras
Oskadligvaras

Det får i alla fall fall inte synas
Att tiden har skett

Slitage och skador
Är markörer
Att jag är en av livets flanörer

Bäst att spendera tiden i en

Sarkofag
Konservburk
Eller i ett skyddat reservat

Att vara välbevarad är något i vår samtid
Som läggs upp på gyllene fat

Vilken tragedi
Alla vill leva
Men vi ska se ut som vi har låtit bli

Jag vill inte vara välbevarad
Jag vill vara livets flanör

Bära upp mitt yttre
Som ständigt förändras
Som min egen inre process

Som med tidens gång
Strålar ut

En finess
En delikatess
En naturlighetens excess

MÖNSTER I LIVETS SKEENDEN

VIOLA VIDEUNG

Människor är böcker

Kapitel skrivs
Berättelser formas
Och böcker trycks

Kapitel kan redigeras
Berättelser får en ny innebörd med tiden
Nutida upplagor av böcker ges emellanåt ut

Var människa
Är en bok
Och författare

Vi är alla utgivare
Och har makten över

Orden uti vår egen livsbok

Och i relation till andra
Är vi bara en recensent

Vars åsikt
Var och en av oss har makt att bestämma

Att lägga värde vid
Eller inte

Förändring

En förändring
Kan accepteras på olika sätt

När skeenden får mönster
Följer de en regelbundenhet

Med en förändring startar en process

Jag finner trygghet i detta
Att se saker utifrån det stora sammanhanget

En överlevnadsstrategi

Förändringar har ett mönster
Processen sker

Alltid oavsett

Den finns ett före och ett efter
Ett jag då och nu

Förändring
Kom

Jag är inte rädd
Jag vet hur du fungerar nu

Vårljus

Ljuset är kallt
Allt som har varit i ett
Dunkel

Lyses upp i strålkastarljuset

Brutalt

Inget undgår
Vårljuset

Ibland kan jag önska att
Uppvaknandet inte var så
Abrupt

Att i stället få vakna upp

Stegvis

Sakta

Så som naturen gör

Skulle vara mindre
Smärtsamt

LIVSKRAFT OCH LÄRDOM

VIOLA VIDEUNG

En sten i skon

Jag är på väg
Och har fått upp farten
En sten i skon
Gör att det skaver
Jag tänker att det ändå går

En sten i skon
Ska jag kunna hantera
Att stanna upp
och på ett ben balansera
Där jag vänder skon upp och ner
Och hoppas att stenen trillar ned
Är det inte läge för idag
Det får vänta
Jag måste fortsätta kämpa

Plötsligt känner jag ett hugg som heter duga
Jag kvider
Jag vill inte ljuga

Har du inte förstått
Att även om saker skaver
Kan jag inte stanna upp och tappa farten
Det har inte varit mig

Förunnat
Såklart hade jag stannat om jag kunnat

Men jag har valt att fortsätta gå
Även om jag har behövt trippa på tå

Kära bror

Återuppståndelse
Revansch
Ett nytt kapitel

Är ord som
Beskriver din resa

Jag har sörjt din död

Det är svårt att beskriva hur jag
Känner

Jag känner en
Överväldigande

Lycka
Och värme

Varje gång jag
Ser dig

Eller hör din röst

Kära bror
En uppenbarelse är din skepnad
En önskning som hördes

Du var död
Du är nu mittibland oss

Ibland kommer jag på mig själv med att stirra
Och känna sådan
Lycka

Över att i denna stund
Är du här

Allt du gör
Är vackert

Ribban är både låg
Och hög

För dig
I att existera

Kära bror
Stanna

Resan

Jag hade ett val
Att stå kvar och vänta på dig på perrongen
Eller att resa vidare utan dig

Perrongen var kall, jag stod i snålblåst
Det var många människor som passerade mig

En
efter
En

De tog ett tåg och färdades vidare – i livet?
Hur kan något som ser så lätt ut vara så svårt?

Tre kliv fram
Sluta ögonen
Och känna vindpusten från tågdörren som slår igen

Vem är jag
Att stå kvar?

Vem är du
Som låter mig stå här och frysa?

Jag kan inte kalla det att älska någon
Eller är det kanske det

Jag tog ett steg
Och stannade

Konduktören gav mig ett ögonkast
Sorgset

Hur många har han sett som mig
I valet
Och kvalet

Liv som levs i väntan
Skiftande ansikten på den kalla perrongen

Kanske ser han vissa resenärer som tvekar
Ett helt liv
Han förstår att det finns inget han kan göra

Att hoppa på tåget
Är var persons eget beslut

Jag slöt ögonen
Två steg fram
Och dörren slår igen

När tåget väl hade börjat rulla kunde det inte stanna
Ofrånkomligt rörde det sig framåt
Det var inte lätt

Den här gången var annorlunda
Luften var varm

Jag hade klivit på tåget
Jag hade fortsatt resan utan dig

Inbillar jag mig
Eller var konduktören lättad
Att jag var med
På resan

Tågets lätta gungningar, vaggade mig till ro
Trygg i mitt beslut

På min biljett
Står det ingen slutdestination

Jag har tagit tre kliv mot friheten
Jag vet inte ännu hur den platsen ser ut

Kanske står du nu på den kalla perrongen och väntar
I snålblåsten

På mig, för första gången
Som även blir den sista
Ett helt liv?

Mord

Kommer till insikt att
Det är på detta sätt

Mord kommer till

När du är arg
Och inte kan besinna dig

Allt du önskar
Är att människan är tyst

Kan du snälla sluta skrika

En rostig skridsko
Inom en armlängds avstånd

Ett humör som
Inte kan stoppas

Allt jag önskar är
Att du håller tyst

En rostig skridsko
Tas i en hand
I ett hårt grepp

Den flyger iväg

Jag blir förvånad över hur snabbt den rör sig genom
luften

I en vacker båge
Skapad av tyngdlagen

Skridskons skena ska träffa din hals
Där ditt läte kommer ifrån

Hoppas den är tillräckligt vass
Så det äntligen blir tyst

Efter mitt kast
Kan jag inte längre styra resultatet
En skridsko hör i alla fall inte hemma i luften

Det blir ingen träff
Men det var nära

Du kände en krusning i luften
Av skridskons
Framfart

Som landar bredvid dig

Titta inte på mig så
Som att jag är galen

Mord har skett i alla tider

Det skulle inte vara konstigt
Om det skedde ännu en dag

Nu är du äntligen tyst
Och jag är kapabel till mord

Jag vet inte om det är en insikt
Värdefull att ha om sig själv

Men den bär jag med mig
När jag hör om vansinnesdåd
Tänker jag nu
Att det kunde varit jag

Allt som behövs
är ett ögonblick
av raseri

Tiden stod stilla i ögonblicket
Det var oändligt långt

Jag gjorde ett val i
Att gå vidare

Mord

Stockholm express

Det är mörkt utanför fönstret

Vi passerar
Skuggor av träd
Hem som ännu inte har vaknat

Färger av
Grönt
Gult
Och brunt
Blandas

Nästan som när
Du blandar
Färger
På en palett

Stockholm express

Egentligen går det inte att avgöra om
Det är
Natt eller dag
Om du inte tittar på klockan

05:14

Att sitta i ett säte
Mitt emot någon annan
Du inte ens känner
Innan du har vaknat

Känns lite intimt

05:21

Jaha här sitter du och äter frukost
Kvarg

Medan jag försöker
Fundera ut
Vad det var som skulle hända idag

05:23

Jag sminkar mig lite
Jag ler

Det känns ju nästan
Som vi är ihop
Denna stund brukar
Jag dela med
Den som är mig närmast

05:28

Några minuters tyst
Samvaro

Andaktsfullt

I sysslor
När vi båda gör oss redo
För vår dag

05:35

Men jag vet ju inte ens vad du heter
Undrar om du har noterat
Att jag finns
I din närvaro
Mitt emot dig

05:46

När jag kliver upp från mitt säte
Och rättar till mina kläder
Får jag stanna upp
För att inte säga

Lycka till på jobbet älskling!

LIVETS FRÅGOR SINAR ALDRIG

VIOLA VIDEUNG

Varför

Varför är jag här och existerar? Ja, gud!
Varför förstår ni inte vad jag menar?

Varför är du inte som jag?
Varför kan jag inte stänga av?

Varför är jag så driven att alltid vilja veta?
Varför känns det som livet är tungt att leva om jag inte får lära
mig något nytt?
Varför är min drivkraft om ny kunskap en outsläcklig törst?

Varför undrar ni inte över lika mycket olika saker som jag?
Varför undrar vissa aldrig varför under en hel dag?
Varför har ni lugn och ro?
Varför kan jag inte sluta undra varför och låta det bero?

Varför är det vackraste ordet som finns
Varför gör att jag känner att jag finns
Varför gör att jag reflekterar, utvecklas och minns

Varför ger mig liv och kraft
Varför gör att jag undrar över ditt och datt.
Varför gör att jag färdas fram med fart och fläkt
Varför gör att var ny nöt knäcks

Varför skulle jag fråga utan att vilja veta?
Varför betyder ju att jag vill leta? Och förstå?
Varför skulle jag annars hålla på?

Varför kan inte jag, bara få vara jag?
Varför lever upp på nytt inom mig varje dag
Varför mitt varför inte kan släckas hos mig är omöjligt att veta
Varför gör att jag aldrig slutar leta
Varför är en del av mig

Varför håller jag flera, varför för mig själv varje dag?
Varför kan en fråga göra någon arg? Ledsen eller glad?

Varför får jag ibland höra att jag borde vara tyst?
Varför är det inte öppet att vilja lära sig allt som är nytt?

Varför kan vi inte bara låta alla våga?
Varför inte låta mig vilja veta?
Varför tro att jag någon vill reta?

Varför är det svårt att acceptera?
Varför har jag träffat en öm tå?
Varför inte bara svara då?

Varför inte glädjas åt att jag är nyfiken
Varför inte se det fina i det i stället för att bli besviken?
Varför kan varför inte alltid premieras?
Varför borde enligt mig alltid valideras!

Varför tänker inte du som jag?
Varför skapar varför obehag?
Varför finns det frågor som inte ska ställas?
Varför är det personen som frågar varför som ska fällas?

Varför vara rädd för frågor utan svar?
Varför inte då se frågan som uppenbar?

Varför gör att vi letar
Varför tar oss framåt
Varför skapar nytt

Varför kommer jag alltid att kämpa för
Varför kommer jag att stolt bära med mig tills jag dör

Varför ska vi alla hedra
Varför är vårt arv
Varför är alla människors gemensamma marv

Varför är något jag alla vill i gåva ge
Varför inrymmes i var ny idé
Varför får inte glömmas
Varför måste sluta att gömmas

Varför inte, våga fråga, våga be, våga se
Varför inte bara våga låta det att ske

Varför är det något som hindrar dig?
Varför?

En fluga och ett träd

Vad är likheten mellan en fluga och ett träd?
De är på samma linje
Där de båda är extremer
En fluga är beroende, liten, skör och flyktig
Ett träd är självständigt, stort, starkt och rotat
De står för ytterligheter i drag
På en skala varje människa rör sig

Extremer har en bakdörr till varandra som närmsta granne
Ytterligheterna dras till varandra i magnetism
Ömsom att fylla ett syfte hos någon annan
och ett sökande av det som fattas självet
Ömsom en åtrå och beundran för det någon annan har

Ytterligheten söker samklang
Precis som minus och plus
Matematik är vackert

Det är som allt är sammankopplat i en cirkulärprocess
Precis som livet i sig självt

De som strålar

Ser du dem som strålar?
De dyker upp
På olika platser
Några gånger per år

I tunnelbanan
På gymmet
Vid jobbet
Under promenaden

Jag har försökt att hitta ett samband

De är alla så olika
De som strålar

Gammal eller Ung
Vacker eller Ful
Rik eller Fattig
Ensam eller i Grupp

Ibland tänker jag på er
Att det är ert inre
Som talar

Jag skulle vilja fråga
Vad det är
Du har där inne

Det som är så vackert
Som strålar

Tänk om du skulle kunna
Dela det med mig?

KOMPLEMENT

BASERAT PÅ EN OSANN HÄNDELSE

MALIN JOHANNESSON

*J*ag började tillbringa väldigt mycket tid på IKEA. Jag hoppades att jag skulle se dem. Inte att de skulle se mig, så klart. Men jag ville se dem. Jag berättade inte för någon varför jag kände att jag behövde det. Jag visste knappt själv varför.

När jag hade beklagat mig inför en vän om att han hade träffat en ny, och att de hade flyttat ihop så snabbt, sa hon "du måste släppa det här nu". Det hade bara gått tre dagar sedan jag fick reda på det. Relationen hade tagit tre år av mitt liv, jag var inte redo att 'släppa det' efter tre dagar av grubblande.

Jag antar att jag ville se om han var engagerad i vilken byrå de skulle köpa, eller om han såg lika ointresserad ut som när jag hade bett honom att följa med till IKEA.

Till en början strosade jag omkring på IKEA och låtsades att jag kollade på olika saker. Jag hade väl inte direkt förklätt mig, men inte heller klätt mig i den vanliga stilen kläder jag brukar ha. Möjligtvis att jag klätt ut mig till en person som har köpt ett hus och ska totalrenovera allting. Jag tröttnade på att bara gå runt och kolla på små inredningsgrejer som jag kanske ville ha, jag började kolla på kök, badrum, kontor och allting. Jag tillbringade timmar varje dag på IKEA.

Inte vilka timmar som helst, så klart. Jag resonerade som så att de måste åkt tillsammans efter jobbet, alternativt på helgen. Och eftersom jag vet att han är morgontrött behövde jag aldrig vara på IKEA innan klockan elva. Jag vet också att han avskyr folkmassor, så jag tänkte mig att jag skulle vara där de tider det var så få besökare som möjligt.

Efter en vecka insåg jag mitt stora misstag. När vi var tillsammans var han fast besluten om att man inte flyttar ihop med någon förrän efter två år. Där var han bestämd, orubblig. Men det verkade bara gälla för mig, och inte i hans nya relation. Om han nu flyttat ihop med henne, då skulle han lika gärna kunnat ändra sina rutiner också. Han kanske gick upp tidigare på helgerna. Han kanske inte blev irriterad av folkmassor längre, eller så dolde han det bättre.

Helgen därpå var jag på IKEA hela dagen på lördagen och söndagen. Jag hade gett upp på att låtsas som att jag behövde en komplett, ny inredning till mitt hem. Jag tog en av displayböckerna och började läsa den. *Missilen*, hette den. Det fanns 47 stycken på olika bokhyllor i hela varuhuset. Självklart hade jag räknat dem. Jag hade ju behövt hålla mig själv sysselsatt när jag strosat runt planlöst på IKEA. Jag tog en av dem som var i ett vardagsrum och satte mig och läste.

Jag vet inte riktigt vad jag hade tänkt mig skulle hända om jag skulle se dem. Jag antar att jag hade hoppats på att jag skulle bli osynlig. Jag försökte föreställa mig att jag hörde hans röst. Var den engagerad, som den var precis innan vi hade blivit tillsammans? Skulle han vara kort i tonen, som han var efter att vi blivit tillsammans? Skulle han kalla henne älskling, precis som han kallat mig? Skulle jag då falla ner på golvet i en panikattack eller skulle jag frysa helt? Förhoppningsvis skulle jag inte visa några känslor alls. Alternativt bli osynlig.

"Ursäkta", sa en röst. Men det var fel röst. Jag tittade upp och en man i gul tröja och blå byxor stod framför mig. "Kan du följa med mig här?"

Jag sa ingenting, jag la ner *Missilen* på soffbordet med ett bokmärke på sidan jag var på och bara följde med honom.

Mannen tog med mig till ett kontor. Han satte sig på ena sidan skrivbordet och pekade på en stol på andra sidan, jag slog mig ner.

"Jag förstår inte riktigt vad du håller på med här, men du kan inte fortsätta med det" sa han. Han var rak i tonen. Sammanbiten. Kall. Precis som Han hade varit när jag försökte prata om vår relation. Jag hann inte ens fundera på ett svar innan mannen fortsatte.

"Här–", sa han och vände på sin datorskärm, "är en bild från vår övervakningskamera på dig, när du sitter i en av våra köks-utställningar och äter ravioli direkt ur en burk."

Hans röst lät frågande, men när jag svarade "den är godare kall, direkt ur burken" låtsades han inte höra mig. Men jag vet att han hörde mig, för han snörpte på munnen på samma sätt som den äldre kvinnan hade gjort när hon gick förbi mig i IKEA-varuhuset den gången. Hon gav mig en blick, och låt-sades samtidigt som att hon inte alls var på väg in i utställ-ningen jag satt i utan svängde in mot en annan och drog handen över en kökslucka, samtidigt som hon sneglade åt mitt håll.

"Det är NICKEBO-luckor", sa jag högt till kvinnan. "Lägg märke till att det inte blir några avtryck från händerna, väldigt enkelt att hålla rent!" Samtidigt höll jag upp min gaffel med en ravioli på, nästan triumferande. Kvinnan log ansträngt åt mig och gick kvickt vidare. Mot AXSTAD-köket.

"Vad är det du håller på med egentligen? Är det någon slags konstinstallation? Vad är det du gör?!" Mannen vände tillbaka sin datorskärm, lutade sig över skrivbordet och väntade på ett svar.

"Jag..." Jag visste inte vad jag skulle säga. Tårarna kom utan att jag kunde göra någonting för att stoppa det. "Vi gjorde slut och han träffade en ny så fort, och jag förstår inte vad som hände, jag ville bara se om de skulle köpa en byrå tillsammans, jag ville bara veta..."

Han lutade sig tillbaka och blev om möjligt ännu mer sammanbiten. Det var som att han ryggade tillbaka, precis som Han brukade göra när jag visade känslor. Jag började hulka. Fulgråta, på ett sätt som jag bara gjort hemma i min egen lägenhet, där ingen annan kunde se mig. Men nu satt jag på ett kontor, tillhörande en man som ville sätta dit mig.

Det hördes ett kort knack på dörren och utan att vänta på svar öppnades den. In klev någon, jag såg inte vem det var för att jag var upptagen med att gömma mitt gråtande, snoriga ansikte i mina händer.

"Vad är det som pågår här?" sa en kvinna med skarp röst.

"Ja, berätta nu", sa mannen till mig.

"Jag frågar dig, Tim. Det sitter en tjej och gråter på ditt kontor, vad har du gjort? Och för guds skull, ge henne en näsduk!"

Tim harklade sig och kastade över ett paket näsdukar till mig. Utan att titta upp på varken Tim eller kvinnan tog jag paketet och försökte torka bort både rinnande mascara och snor.

"Det här är kvinnan som har hängt runt i våra olika utställningar, som har ätit mat och läst böcker och allt möjligt!" Tim var upprörd över att det var han som plötsligt var i fokus.

"Kallar du henne 'kvinnan', har du ens frågat vad hon heter?"

"Nej, jag–"

"Du har ingen rätt att göra det här, det här är inget bra bemötande och du och jag ska ha ett samtal om det här inom en snar framtid." Kvinnan lät bestämd.

Hon gick fram till mig och satte sig ner jämte min stol.

"Hej, jag heter Lena, jag ber om ursäkt för Tims beteende. Vill du följa med mig så kan vi gå till vilorummet, så kan vi prata lite. Låter det okej?"

Lenas röst förändrades direkt när hon pratade med mig. Hon lät så mjuk och snäll. Jag nickade till svar, hade jag försökt säga något hade jag börjat hulka igen. Jag reste mig upp och kände hennes hand på min rygg, det kändes som att hon skulle leda mig till trygghet.

"Det här är helt orimligt!" sa Tim medan Lena ledde mig ut ur kontoret. "Jag är faktiskt Key personal account manager här!"

Lena ledde ut mig ur rummet.

"Det där är en titel som du har hittat på själv, du är team leader, och knappt det. Sitt ner i båten, Tim."

Lena stängde dörren.

Hon tog med mig till ett vilorum, sa till mig att lägga mig på sängen en liten stund så skulle hon snart komma tillbaka. Efter ett par minuter av djupandning öppnades dörren igen, och in kom Lena med te, kaffe, mjukglass och kanelbullar. Jag började gråta igen.

"Varför är du så snäll mot mig?"

"Det verkar som att du går igenom något tufft just nu. Tim har huvudet för långt upp i sin röv för att se det, men jag förstår dig."

Jag skrattade till mellan tårarna.

"Mitt ex har redan gått vidare. Vi hade inte en särskilt bra relation, jag mådde inte alls bra i den relationen. Men jag kom inte på det förrän efteråt. Jag kämpar verkligen för att läka mig själv, och han går vidare som om ingenting har hänt. Jag förstår verkligen inte. Jag känner mig väldigt förvirrad. Och helt slut. Jag ville bara se hur han var med sin nya tjej. Om han är lika sammanbiten med henne som han var med mig. Och jag tänkte... jag tänkte väl att de skulle behöva åka till IKEA någon gång, för att köpa något till sin nya lägenhet."

Lena räckte mig en mjukglass.

"Här, innan den smälter", sa hon. "Jag förstår dig. Det tar så otroligt mycket energi att läka från en relation, särskilt om man inte har mått så bra. Du kanske tycker att du inte känner igen dig själv, heller?"

"Nej, precis!"

"Och du är rädd för hur du ska hitta tillbaka till dig själv?"

Jag nickade till svar, kände hur jag var på väg att börja gråta ännu mer. Jag hade redan fullt sjå med att försöka undvika att få tårar i glassen.

"Det kommer bli bättre", sa Lena och strök mig över armen. "Jag har ett förslag. Som kommer vara bättre för dig, och reta gallfeber på Tim."

Lena log åt mig och räckte över en gul tröja och blåa byxor till mig.

"Du ska få vara min praktikant", sa hon.

Jag bara stirrade på henne. Glass rann ner på min hand, som om jag vore ett barn.

"Men, det blir bara på lördagar, och kanske söndagar också. Ingenting på vardagarna. Är det okej?"

"Ja, ja självklart!"

Jag torkade bort glassen från handen och torkade mina tårar.

"Vill du börja redan nu?" frågade Lena.

"Ja!" sa jag och började byta om till mina nya IKEA-kläder.

"Jag jobbar på garderobsavdelningen, vi kan gå dit med en gång. Det är rätt lugnt idag, så jag kan visa dig lite hur allt fungerar. Vi kan ta med kaffet och bullarna", sa Lena och tog brickan med allting. Jag tryckte ner mina vanliga kläder i min handväska och kollade i min fickspegel. Jag hade gråtit bort all mascara, men jag hade också lyckats torka bort all rinnande mascara från kinderna.

"Känns det okej?" frågade Lena innan hon öppnade dörren, jag nickade till svar.

Vi gick uppför trapporna och svängde in på genvägen mot garderoberna.

"Jag kommer säga till mina kollegor att du arbetstränar här. Det krävs egentligen en utbildning för att lära sig att planera garderober, därför tänker jag att du främst ska assistera mig i det och hjälpa kunder med lite enklare frågor. Själva plane-randet lämnar du till mig. Har du några frågor hittills?"

"Ja, varför gör du det här för mig?"

"För att du behöver det här. Jag vet hur det känns. Mitt ex lämnade mig och vårt nybyggda hus för en 10 år yngre kollega. Jag blev kvar i huset med skyhöga räntor och ett halvfärdigt kök."

"Oj", var allt jag kunde säga.

"Ena dagen bodde han hos mig, andra dagen hade han flyttat in allting i hennes lägenhet, och en månad senare köpte de en semesterlägenhet i Marbella."

Lena ställde ner brickan vid det lilla skrivbordet på garderobs-avdelningen och tog en klunk kaffe.

"Jag var helt knäckt. Vill du gissa vad jag gjorde? I stället för att sitta i montrarna på IKEA och läsa *Missilen*, vill säga", log hon åt mig.

"Jag vet inte, berätta."

"Jag upptäckte städ-YouTube. Det finns vissa youtubers som städar helt sjukt skitiga hem gratis, visste du det?"

Jag skakade på huvudet.

"De gör i alla fall det, och jag blev helt besatt av att städa. Jag städade hela mitt hem så noggrant som jag aldrig städat innan, jag städade mina föräldrars hus, deras bil och när jag inte hade fler familjemedlemmar att städa hos..."

Lena skrattade till lite.

"Jag gick upp klockan halv fyra på morgonen en gång och rengjorde någons staket. Det var ett trästaket, målat vitt men det såg mer grön-grått ut. Jag hade tänkt på det staketet länge, varje gång jag promenerade i området där jag bor tänkte jag på det staketet. Jag hade ingen aning om vem som ens bodde i huset, men jag ville verkligen rengöra deras staket. Det kliade i fingrarna till den grad att plötsligt gick det inte längre. Jag satt där ute och skrubbade deras staket, under månens sken. När solen gick upp smet jag därifrån. Efter det lämnade jag alla mina nyinköpte städprylar till mina föräldrar, och i stället bokade jag en resa till Italien. Hej hej!"

Lena avbröt sig själv för att heja på några kunder som gick förbi.

"Jag tänkte att jag skulle 'hitta mig själv' i Italien och bokade in mig på en språk- och matlagningskurs i Florens. Jag var den yngsta deltagaren där, alla andra var pensionärer. Det var väldigt trevligt, vi drack så mycket vin tillsammans och de berättade så mycket om sina liv. Jag hittade aldrig mig själv, men jag fick väldigt mycket perspektiv på livet."

Lena tog ett bett av sin kanelbulle. Första tuggan för henne, min bulle var redan uppäten för längesen.

"När jag kom hem skaffade jag en papegoja, och en katt. Och senare också en kanin. Jag trodde inte att jag gillade djur ens. Men jag skulle ta en kula för Eva Rydberg. Ja, det är papegojan, alltså. Jag döpte henne till det. Hennes tidigare ägare var skåningar, så hon pratar bara skånska. Och svär som en borstbindare!"

Lena skrattade till och jag hade svårt att hålla mig för skratt när hon försökte härma skånska svordomar. "Din jäeuvla fubbik" sa hon, när hon härmade Eva Rydberg.

"Katten heter Findus och kaninen heter Jocke, och de är min familj."

Det gick förbi några fler kunder och Lena hälsade glatt på dem också.

"Trodde jag för fem år sedan att jag skulle dela hus med en inneboende student för att klara av kostnaden av huset, och en papegoja som svär på skånska? Nej, men det har blivit bra ändå. Och det var en resa att ta sig dit. Det här har varit en väldigt lång historia nu för att säga: jag förstår dig. Du behöver vara på IKEA just nu. Det är okej, det får du vara. Jag behövde rengöra ett staket och skaffa en papegoja. Vi har olika sätt att bearbeta saker på. Och Tim förstår inte det, för det enda sättet han bearbetar saker på är att låtsas att de inte finns, och om han råkar drabbas av en känsla sticker han till gymmet och 'lyfter skrot' och sen känns det bättre, tror han. Men i längden är det bättre att göra som vi gör. Vi kommer ut starkare på andra sidan. Det känns inte som det nu, men jag lovar dig att det kommer att bli bättre."

Jag kände tårarna komma igen. Men den här gången för att jag blev så rörd av allt Lena sa till mig.

"Åh, men vännen, kom här", sa Lena och gav mig en stor kram. Jag kände mig så trygg. En liten glöd av hopp hade tänts i bröstet. Om Lena hade klarat av det, då kunde jag också klara av det här.

"Idag har jag inga inbokade planeringsmöten. Ska vi börja med att kolla på lite garderobslösningar? Känner du till PLATSA?"

"Självklart!" svarade jag.

De kommande helgerna stod jag och Lena tillsammans på garderobsavdelningen. När det var lugnt mellan kunderna berättade hon om sitt ex och hur deras uppbrott kom som en blixt från klar himmel. Hon berättade om sin kanin, som hon skaffade genom en organisation som omplacerar smådjur. Hon berättade om katten Findus, som en kompis kompis behövt omplacera för att hon hade blivit allergisk. Och jag fick också berätta.

Jag berättade om hur förvirrande det var när Han hade kommit hem till mig med godis en gång när jag hade mensvärk, innan vi blev tillsammans. Efter vi hade blivit tillsammans behövde jag en gång åka till akuten. Han följde inte med mig dit, hämtade mig inte därifrån och kom inte hem till mig efteråt.

Jag berättade om att innan vi blev tillsammans gjorde vi en massa planer för alla resor vi skulle göra, efter vi hade blivit tillsammans ville han inte ens gå ut och ta en promenad med mig.

Vi pratade om fördelar och nackdelar med skjutdörrar. Vi pratade om KOMPLEMENT, HAVSVIK, FLISBERGET och BUMERANG.

Vi pratade om anknytningsteori. Jag fick låna en bok av henne. På kvällarna satt jag hemma i soffan och läste boken, och på datorn hade jag fjorton flikar med olika hundar från *Hundar utan hem* som jag ville adoptera.

Vi pratade om hennes bokcirkel, jag fick låna en helt vanlig bok av henne, ingen självhjälp alls, bara en vanlig bok. Vi pratade om vad vi skulle hitta på i helgen. Vi pratade om att hon skulle gå på dejt, jag hjälpte henne välja kläder.

Vi pratade mindre och mindre om Dem, och mer och mer om oss.

En lördag hjälpte Lena en kund med ett stort projekt. De höll på länge, det var garderob i sovrummet och i hallen, och dessutom förvaring i källaren. Jag hörde Lena nämna BOAXEL.

Ett par kom fram till mig och frågade om jag kunde hjälpa dem med en garderob. Jag slängde en blick åt Lena, och vi kom fram till att jag var redo för att hjälpa kunder själv.

"Vi har funderat på PAX", sa kvinnan i paret.

"Åh, vad bra! Jag älskar PAX!", sa jag entusiastiskt och ledde paret till utställningsexemplaren.

Och jag älskar inte Honom längre, tänkte jag, och log.

MAN FÅR VARA SOM MAN ÄR, NÄR MAN INTE BLEV SOM MAN SKULLE

IDA OLSSON KUMLIN

DRÖMMARNA

Drömmar är ett genomgående tema i mitt liv. De är inte mål eller planer, utan just drömmar; diffusa fantasier om en framtid som hägrar någonstans i fjärran. Det är alltid mycket otydligt hur drömmarna ska besannas, de ska på nåt märkligt vis bara slå in av sig själva.

På tal om otydlighet: "Det kommer att bli nåt stort av dig" var det en person som sa till mig en gång. De orden skapade en hel del förvirring hos mig, minns jag. Men det lät ju ändå som något rätt så positivt och bra, och jag är övertygad om att det var menat som någon slags komplimang. Tror inte du det också? Nåväl, tillbaka till drömmarna.

En gång, för ganska länge sen, drömde jag om att bli advokat och bo i New York. För ännu längre sen var drömmen att bli arkeolog, eller möjligen möbelsnickare. Veterinär stod också på listan, då jag älskar djur, men den drömmen avfärdades eftersom utbildningen är så fasligt lång. Jag skulle ju inte ha blivit färdig veterinär förrän jag var så horribelt gammal som 25 år!

Det finns också en dröm som har funnits med under många år, som liksom har legat och pyrt under ytan. Ibland trösterik som en snuttefilt, ibland mer som ett svidande skavsår. Det speciella med den här drömmen är att den väcktes till liv av andra än mig själv – inte minst av den lärare som, när jag gick i årskurs sex, kommenterade en uppsats jag skrivit med att hen ville ha ett signerat exemplar av min första bok. Just det, jag pratar som du förstår om författardrömmen.

Jag har – faktiskt så länge jag kan minnas – drömt om att bli familjehem, eller fosterhem som det ju hette förr. Egentligen vill jag kanske ännu hellre bli det som jag nu vet heter jourhem; den mjuka famn som står där mitt i den allra mest akuta krisen, när tillvaron har vänts upp och ner och livet är som skörast.

Biologiska barn drömde jag också om att ha – två, gärna tre stycken. När jag växte upp hade vi en grannfamilj som var nästan som en sån familj man ser i amerikanska made for TV filmer (tänk: Hallmark). Mamma, pappa och tre välartade barn; en son och två döttrar. De hade så klart även en golden retriever, en katt och – om jag minns rätt – en kanin eller kanske två.

Det var en aktiv familj, och redan tidigt blev jag fascinerad av deras actionfyllda liv. Alltid var det något barn som var på väg till, eller kom hem från, någon träning eller annan aktivitet. Föräldrarna for som trippelbokade uberförare, väldigt långt innan Uber fanns. Jag bestämde mig för att så skulle minsann jag också ha det en dag!

Någon form av polisiärt arbete har definitivt varit en dröm på senare år. Eller, när jag tänker efter, ända sen diverse FBI-agenter idoliserades i ett mycket stort antal TV-serier och filmer i min gröna ungdom. Särskilt har jag en dragning åt "kalla fall", det vill säga olösta brott med några år på nacken. Tänk dig att få dyka ner i låda efter låda med papper från en gammal mordutredning, och kunna sätta fingret på den magiska detalj som löser hela fallet!

I kort sammanfattning ser dock den dagsaktuella fantasin, låååångt där borta vid horisonten, ut ungefär så här:

Ida är skog- och hemmansägare med alpackor och getter, helt självförsörjande på grönsaker, frukt, bär och rotfrukter samt vissa glutenfria spannmål. Hennes primära inkomstkälla är som författare/skribent, med extra inkomst från förädling av produkter från gården. Hon är familjehem åt minst ett par barn med möjlighet att vara jourhem åt ytterligare ett eller två.

Låt gärna den bilden sjunka in en stund, innan du fortsätter till nästa avsnitt. Fundera på hur ett sånt liv ser ut och vad som krävs för att leva det.

VERKLIGHETEN

Just det – verkligheten, då? Var befinner jag mig idag, vid 50 och ett halvt års ålder?

Några grejer är på plats: Jag gick faktiskt juristlinjen och tog ut min jur.kand.-examen år 2000. Några år senare bildade jag familj och fick två söner. Sedan ca 7 år tillbaka så bor jag "på landet", även om det inte är en riktig gård utan mer en villa med hyfsat stor tomt. Odlar ganska mycket, både grönsaker och blommor, med varierande resultat. Hundar, katter, höns och utekaniner återfinns i den aktuella djurparken. *So far, so good.*

I övrigt är det en hel del som så att säga felar, i förhållande till drömmen. Jag har aldrig jobbat som jurist, inte en endaste dag. Överlag så är just förvärvsarbete min stora akilleshäl i livet. Faktum är att jag aldrig har kunnat försörja mig själv, utan jag har varit (och är) beroende av mina föräldrar eller min dåvarande sambo. Sjukskrivningarna har varit många och ibland också långa.

Prestationsångesten är en ständigt närvarande följeslagare, och jag tror att det är en viktig pusselbit om man ska försöka hitta ett svar på varför det är så svårt för mig att förvärvsarbeta. Märk väl att jag inte skriver "arbeta". Det är nämligen just när jag ska få betalt för en viss prestation, utförd inom vissa givna ramar, som det skiter sig. Jag börjar noja över småsaker, tänka att alla andra gör saker mycket bättre och slösar massor med energi på fel saker. Paradoxalt nog leder ju det till att det faktiska arbetet blir lidande, eftersom energin inte räcker till både arbete och nojande.

Till viss del kan man nog säga att barnen har varit mitt primära arbete. Då menar jag tyvärr inte på något gulligt

Hallmarkssätt, där jag står i köket i blommigt förkläde med nybakade scones och hemgjord lemon curd när de kommer hem från skolan. Nej, snarare så att jag har ägnat en mycket stor del av min energi åt att få dem att överleva skolan. Någon energi till diverse klämkäcka fritidsaktiviteter har inte funnits över huvud taget.

Jag har tillbringat ett helt orimligt antal timmar på helt meningslösa möten, där man beslutat om än mer meningslösa åtgärder samtidigt som mina helt fantastiska barn har mått allt sämre. Det har funnits räddande änglar (jag hoppas att de vet vilka de är), men stolpskotten har dessvärre dominerat.

Idag har båda barnen lämnat grundskolan bakom sig, och de mår tack och lov bättre än på länge. Jag lämnar därför ämnet "vad som behöver göras åt den svenska skolan" därhän för den här gången.

Istället vill jag berätta lite om mina många *teoretiska hobbies*. Virkning är till exempel en sådan, liksom möbelmålning, nålfiltning, prepping och kreativt skrivande. Under en period tidigare i livet var det en hel del teckning och akvarellmålning som var på tapeten. Det är inte så att jag ägnar dessa aktiviteter någon faktisk tid, så klart. Då vore de ju praktiska hobbies och inte teoretiska, eller hur?

Nej, det jag gör är att jag köper böcker om ämnet ifråga, som jag sen lägger i en hög någonstans – oftast olästa. Vid upprepade tillfällen. Senaste ämnet i raden är skogsbruk, då jag ju hoppas på att bli skogsägare innan jag dör. Får väl se om det blir av att jag läser någon av de fyra böcker på temat som just nu ligger i en trave på köksbordet.

Som avslutning på temat teoretiska hobbies, så kan jag meddela att jag fyndade 26 påsar med diverse blom- och grönsaksfröer på rea härförleden. Kände mig väldigt nöjd med bland annat tre sorters squash, två sorters rädisor och en riktigt spännande vitkålssort. Äter i och för sig extremt lite squash, och rädisor och vitkål äter jag inte alls, men hur som helst...

Sedan en tid tillbaka har jag börjat arbetsträna och är nu uppe i fyra timmar i veckan, fördelat på två dagar. Det har varit väldigt bra för mig på många sätt, samtidigt som det har medfört en del smärtsamma insikter. Mina begränsningar har så att säga blivit tydligare.

Det bästa med arbetsträningen är att jag är på en handelsträdgård. En riktig, alltså, inte en sån där stor kedja där man ibland inte är säker på om personalen ser skillnad på en pelargon och en näckros. Jag lär mig nya saker varje gång jag är där, vilket är en ynnest.

Att dofta på blommor och stå med händerna djupt ner i jorden är dessutom terapi på hög nivå för mig. Vilket för övrigt är en jäkla tur, eftersom regionen (vilken stolle var det som kom på att det inte ska heta landsting längre?) jag bor i inte bekostar någon annan terapiform än KBT.

Min exekutiva funktion, särskilt förmågan att få tummen ur och GÖRA saker, är ohyggligt dålig. Så dålig att du kanske inte ens skulle tro mig, om jag nämnde de mest extrema exemplen ur min vardag. Vi tar därför några mer "lagoma" exempel istället:

- I mitt garage ligger det en kartong med rödbetor. De är helt ihopskrumpna och nätt och jämnt identifierbara som just rödbetor. Det är i skrivande stund slutet av november, och dessa stackars betor är förra årets skörd. Alltså hela skörden. Jag fick i alla fall upp dom ur jorden, vilket är långt ifrån självklart. Varför de ligger kvar? Läs första meningen i det förra stycket en gång till.

- Jag blir överrumplad varje dag av att vi tydligen behöver inta näring – igen. Man förväntas alltså som vuxen ordna lagad mat av okej kvalitet minst en gång om dagen. Dag ut och dag in! Det är svårt att greppa. Hur fan gör folk egentligen?

- Blöta strumpor får min hjärna att gå i baklås. Det räcker att kliva i en ganska liten vattenfläck på köksgolvet, så är det kört. Lösningen på det specifika problemet är att jag mycket sällan har strumpor på mig inomhus.

- Jag har vid flera tillfällen glömt bort att köpa sånt som faktiskt är noga uppskrivet på en handlingslapp – av det enkla skälet att jag har blivit så stressad av att vara i matvarubutiken att jag har glömt titta på lappen. Faktum är att jag inte ens har haft den blekaste aning om att jag har haft en handlingslapp med mig.

- Ibland blir jag stressad över saker alldeles orimligt långt i förväg. Det är, som sagt, november månad när jag skriver det här. Ponera att någon trevlig människa skulle höra av sig idag och säga ”Vet du vad, Ida? Jag har fixat biljetter åt dig och mig till en konsert med DetDärSuperbraigaBandetSomDuGillar. Den är i juli nästa år – kul, va?!” Det skulle resultera i att jag nojade över alla potentiellt jobbiga aspekter av konserten i drygt ett halvår framöver. Risken är

dessutom överhängande att jag efter ett halvårs
nojande skulle lämna återbud dagen innan
konserten.

Nog med exempel, och över till något helt annat: Jag har för-
visso ett BMI nära gränsen för fetma, men någonting säger
mig att det inte var riktigt det som åsyftades med att bli "nåt
stort". Det är så himla oklart vad det där stora egentligen ska
bestå av. Något jag i alla fall har lyckats åstadkomma i livet är
att jag har fått en fibromyalgidiagnos.

Fibromyalgin gör att min kropp protesterar högljutt mot fram-
för allt statisk belastning och att en dag med mycket (nåja)
fysisk aktivitet straffar sig efteråt, ibland i flera dagar. Det är
särskilt mina händer som pga fibron inte vill som jag vill. Den
här texten skrivs därför nästan uteslutande på mobilen; att
använda laptopen till så här mycket text gör för ont. Tur då att
tummarna fortfarande håller stilen!

Förresten, så har jag inte bara läst juridik. Nope, jag har läst till
undersköterska på komvux, kriminologi på distans, hälso-
coach med lchf-inriktning och mycket, mycket mer. Alltid med
en fåfäng förhoppning om att nästa utbildning ska vara den
som magiskt löser upp alla knutar och gör mig till en funge-
rande, självförsörjande människa. Newsflash: det har inte
funkat (än så länge).

Det är några år sen nu som jag vågade mig på att gå min första
skrivkurs, och därmed tog det första steget till att skriva den
här texten idag. Från det att min lärare ville ha ett signerat
exemplar av min första bok till att jag gick en skrivkurs tog det
nog faktiskt bara drygt 30 år.

Mitt liv innehåller alltså betydligt mer "se'n" än "zen", om man nu vill skoja till det lite. Jag har en tendens att göra det. Skoja, menar jag. Ibland med den påföljden att människor missar allvaret i det jag säger. Ungefär som att ett enda skämt efter en halvtimmes beskrivning av hur dåligt jag mår trollar bort allt allvar. Mycket märkligt fenomen, men det händer gång på gång.

Min förhoppning med den här texten är att du ser diskrepansen mellan drömmar och verklighet, och att du kanske till och med förstår vilken sorg den orsakar. Jag är inte ute efter buhu, tyck synd om mig eller styrkekramar. Kanske är jag inte ens ute efter lite good old fashioned empati. Däremot är det trevligt med just förståelse, både från sig själv och omgivningen.

Orsaken till diskrepansen stavas NPF, som i neuropsykiatriska funktionsnedsättningar. Jag är inte lat, inte bekväm, inte bortklemad eller allmänt fnoskig. Jag har ett handikapp. Ett som du inte kan se på mig, men som hyfsat snabbt blir rätt så uppenbart om du väljer att umgås med mig regelbundet. Ett handikapp som gör att jag i stor utsträckning sitter med en uppsättning goda förmågor som jag helt enkelt inte har tillgång till. Jag vet att de finns där och jag kan känna av dem – rentav betrakta dem på behörigt avstånd – men jag kan tamejfan inte använda dem.

I de sena tonåren fick jag diagnosen agorafobi med panikångest. Tack och lov så har inte panikångesten visat sitt fula tryne på många år nu, men den del som kallades agorafobi finns kvar i betydligt högre utsträckning än jag skulle önska.

Enklaste sättet att beskriva det på är att jag har enorma trösklar, som jag måste ta mig över för att göra (även "roliga") saker. Det för med sig att nästan ingen aktivitet är odelat positiv. Idag inser jag ju att det här handlar om autism och ADD snarare än något annat, men vi kan kalla det vad tusan som helst. Problemet är likväl detsamma; jag saknar så att säga startmotor.

En god vän använde en gång det fantastiska uttrycket "att lajva normal", och det är precis så det är: Jag ger mig ut i stora världen och hoppas på att jag kan få folk att tro att jag inte är riktigt så himla knäpp som jag känner mig. Hela tiden pågår den inre dialogen i mitt huvud, där jag ifrågasätter om jag gör rätt, säger rätt, ser rätt ut, låter rätt, andas rätt. Det är fullständigt utmattande, som du kanske förstår.

Jag tror att det är delvis därför som jag har så svårt för KBT. Hela livet är ju redan en lång jävla rad av terapisessioner, där jag exponeras för en massa saker som dränerar mig på energi. När jag väljer att stanna hemma med mina djur, i stället för att "göra nåt kul", så är det återhämtning för både kropp och själ. Helt absolut nödvändig återhämtning.

Jag skulle förresten vilja be dig om en grej, nu när vi har blivit så här nära och förtroliga med varandra: Förneka inte dig själv eller dina barn rätten att lära känna sig själva, genom att välja bort en möjlighet till NPF-utredning. Får du chansen, så bara gör't! Det värsta som kan hända är att du lär dig nåt nytt om dig själv. Vilket för övrigt även är det bästa som kan hända.

∾

Hur ser då framtiden ut? Ja, inte fan vet jag! Om du tror att jag har ett svar på den frågan, då har du inte förstått särskilt myc-

ket av vad jag har skrivit. Kanske ska jag gå en trädgårdsut-
bildning? Flytta till Borneo? Eller bli rikspolischef? Vem vet?

Den riktigt goda nyheten är i alla fall att jag äntligen kommer
att få se mitt namn på omslaget till en bok: den du just nu
håller i din hand! Tack.

OM ANTOLOGIN

EFTERORD

*I*ngen människa är den andra lik. Det gäller så klart alla, även de av oss som befinner sig på autismspektrat. Ändå delar autister ofta erfarenheter av till exempel starka sinnesintryck, glädje i detaljer eller en känsla av utanförskap.

Författarna i denna antologi har deltagit i en studiecirkel om autistiskt självbiografiskt skrivande via arvsfondsprojektet AutistOrd.

Att skriva självbiografiskt är att utgå från sina egna upplevelser. Det kan vara allt från att skriva ner sitt livs historia till att skapa seriestrippar, dikter eller skönlitteratur med inspiration från sitt eget liv.

Tyvärr delar många autister en upplevelse av att ens ord eller sätt att berätta blivit kritiserat, och att ens erfarenheter inte tagits på allvar.

Det vill vi ändra på!

Projektet AutistOrd utgår från några viktiga principer:

- Allas ord duger – alla får berätta på sitt eget sätt.
- Allas upplevelse räknas – oavsett hur andra upplevt samma situation, eller något liknande.
- Alla bestämmer över sin egen text – vi ger inte textkritik till varandra utan att bli ombedda.

Genom att vara en plattform för autisters röster hoppas vi på att sprida förståelse och respekt för hur olika vi människor kan vara – men också hur lika:

Alla vill vi äga vår egen historia, få berätta den på vårt eget sätt och bli lyssnade på.

Anna Paulsen och Tina Wiman,

projektledare och redaktörer

FLER ANTOLOGIER FRÅN AUTISTORD

Denna märkliga tillvaro som verkar kallas livet

Zebran bland hästar – Låt oss autister berätta!

Ingen är som jag